公交优先组织管控
适用性应用手册

李瑞敏　褚昭明　林师超　朱新宇　编著

清华大学出版社
北京

版权所有，侵权必究。举报：010-62782989，beiqinquan@tup.tsinghua.edu.cn。

图书在版编目(CIP)数据

公交优先组织管控适用性应用手册/李瑞敏等编著.—北京：清华大学出版社，2021.12
ISBN 978-7-302-59578-6

Ⅰ.①公… Ⅱ.①李… Ⅲ.①公共运输－交通运输管理－手册 Ⅳ.①U491.1-62

中国版本图书馆 CIP 数据核字(2021)第 240686 号

责任编辑：秦　娜　赵从棉
封面设计：陈国熙
责任校对：赵丽敏
责任印制：曹婉颖

出版发行：清华大学出版社
　　　　　网　　址：http://www.tup.com.cn, http://www.wqbook.com
　　　　　地　　址：北京清华大学学研大厦 A 座　　邮　　编：100084
　　　　　社 总 机：010-62770175　　邮　　购：010-62786544
　　　　　投稿与读者服务：010-62776969, c-service@tup.tsinghua.edu.cn
　　　　　质量反馈：010-62772015, zhiliang@tup.tsinghua.edu.cn
印 装 者：小森印刷霸州有限公司
经　　销：全国新华书店
开　　本：170mm×240mm　　印　张：9　　字　数：182 千字
版　　次：2022 年 1 月第 1 版　　　　　　　印　次：2022 年 1 月第 1 次印刷
定　　价：68.00 元

产品编号：094769-01

前言

PREFACE

城市公共交通系统是城市交通系统的重要组成部分。2005年,国务院办公厅转发了建设部等部门关于《优先发展城市公共交通的意见》,指出优先发展城市公共交通是缓解交通拥堵的有效措施、促进城市可持续发展的必然要求。2012年,国务院办公厅发布了《国务院关于城市优先发展公共交通的指导意见》,强调确立公共交通在城市交通中的主体地位。2017年,公安部、中央文明办、住房和城乡建设部、交通运输部联合印发了《城市道路交通"文明畅通提升行动计划"(2017—2020)》,提出"大力推进城市公交专用道和公交优先信号设置,保障公交运行速度和准点率"。2020年,公安部交通管理局印发了《关于进一步加强城市道路交通信号控制应用工作的指导意见》,进一步要求"高度重视公交、非机动车、行人等信号配时优化,切实保障绿色交通出行需要""调整公交站台或人行横道位置等方式,尽可能减少对主线交通的干扰"。尽管"公交优先"的理念已经被广泛接受,并在国内许多城市得到了实践,但我国城市公交优先管控措施的科学化、规范化、精细化水平仍然不高,群众公交出行需求和公交优先措施供给之间仍存在很多不协调、不匹配、不均衡的现象。在此背景下,有必要组织编纂具有我国特色的公交优先组织管控适用性应用手册,用于为各地的公交优先组织管控工作提供参考。

通过实施公交优先组织管控,能够有效地提升城市公交的服务水平。公交优先组织管控措施能够从时间和(或)空间上给予公交车辆一定的优先权,从而提高公交车辆的运行效率和可靠性,降低乘客总体延误和等待时间,改善公交服务质量。在道路交通管理实践中,一方面公交优先会对道路交通整体运行效率产生影响;另一方面,公交优先的实施也需要满足一定的场景条件和信息基础。城市道路的哪些区域应当实行公交优先组织管控?采用哪些公交优先措施能够最大化系统效益?公交优先组织管控的评估工作应如何开展?这些问题引出了公交优先组织管控措施"适用性"的探讨。

目前国内外城市大多采用公交专用道提供公交优先,但是由于没有考虑到优先措施的场景适应性,且缺乏一定的管控效果评价,导致很多优先措施的效果并不理想。能够实现公交优先的可行措施众多,包括空间优先措施、时间优先措施和时空优先措施等诸多方法,甚至公交优先也并非一定要有公交专用道。同时,可靠的交通信息基础、强大的信号机功能和完善的评价体系等也是实现合理有效的公交优先的必要条件。

针对城市道路公交优先实践应用中的诸多方面,本书从公交优先组织管控措施的适用性角度出发,对各种公交优先组织管控策略的交通信息基础、基本原理、实施方法、优劣势和适用场景进行了梳理介绍,提出了公交优先组织管控的信息基础和评价体系,同时结合实际工程案例展开分析,旨在为城市交通管理提供参考。

本书由公安部道路交通安全研究中心和清华大学的研究人员共同编写完成。其中,第1~4、6、8章主要由李瑞敏、林师超编写,第5、7章主要由褚昭明、朱新宇编写。公安部道路交通安全研究中心助理研究员闫星培,清华大学博士研究生刘志勇、戴晶辰,中国人民公安大学硕士研究生盘浩、赵丹婷也参与了部分章节的编写。

在本书的编写过程中,编者向国内外领域专家进行了咨询,并得到众多的宝贵意见,这些专家主要有同济大学李克平教授、北方工业大学张福生研究员、北方工业大学于泉教授、东南大学王昊教授、长安大学邵海鹏教授、广东振业优控科技股份有限公司CEO陈宁宁博士、黑龙江省公安厅交警总队李晓冬。在公安部交通管理局的大力支持下,北京、上海、南京、杭州、成都、西安、长沙等地的公安交通管理部门为本书提供了大量的实战案例,并在技术应用方面提供了很多帮助,在此表示感谢! 同时,还要对本书引用的所有文献资料的机构与作者,对所有关心和支持本书编撰的领导和专家表示衷心的感谢! 感谢公安部道路交通安全研究中心戴帅研究员、公安部交通管理科学研究所刘东波研究员、同济大学马万经教授对本书出版相关工作的支持。感谢清华大学出版社秦娜编辑对本书的关注、支持、完善、建议以及辛苦的编校工作。

本书的编撰和出版得到了"十三五"国家重点研发计划项目"城市多模式交通系统协同控制关键技术与系统集成"(项目编号:2018YFB1601000)的资助。

由于编者水平有限,书中难免会有疏漏或者不当之处,敬请读者批评指正!

编 者
2021 年 8 月

目 录
CONTENTS

第 1 章 　概述 ·· 1
  1.1 　背景 ·· 1
  1.2 　目标 ·· 2
  1.3 　本书适用范围 ·· 2
  1.4 　基本条件 ··· 4
  1.5 　术语定义 ··· 5

第 2 章 　交通调查 ··· 6
  2.1 　信息收集内容 ·· 6
  2.2 　交通流状态信息 ··· 7
    2.2.1 　路段交通流量 ··· 7
    2.2.2 　交叉口交通流量 ·· 7
    2.2.3 　拥堵延时指数 ··· 8
    2.2.4 　服务水平 ·· 8
    2.2.5 　设计道路条件 ··· 9
    2.2.6 　实时交通流量 ··· 9
  2.3 　静态公交运营信息 ·· 10
    2.3.1 　交叉口的公交优先服务范围 ·· 10
    2.3.2 　公交车站位置 ··· 11
    2.3.3 　公交线路信息 ··· 11
    2.3.4 　公交运行时刻表 ··· 11
  2.4 　动态公交运营信息 ·· 12
    2.4.1 　交叉口信号控制状态 ·· 12
    2.4.2 　公交动态运行信息 ··· 12
  2.5 　其他信息 ··· 13
    2.5.1 　乘客满意度 ·· 13

  2.5.2 公交服务质量 …………………………………………………… 13

第 3 章 空间优先措施 ………………………………………………… 17
 3.1 概述 …………………………………………………………………… 17
 3.2 路段公交专用车道 …………………………………………………… 17
  3.2.1 基本概念 …………………………………………………… 17
  3.2.2 设置条件 …………………………………………………… 19
  3.2.3 设置方法 …………………………………………………… 20
  3.2.4 优缺点分析 ………………………………………………… 22
 3.3 公交专用进口道 ……………………………………………………… 22
  3.3.1 基本概念 …………………………………………………… 22
  3.3.2 设置条件 …………………………………………………… 23
  3.3.3 设置方法 …………………………………………………… 24
  3.3.4 优缺点分析 ………………………………………………… 28
 3.4 公交专用路 …………………………………………………………… 29
  3.4.1 基本概念 …………………………………………………… 29
  3.4.2 设置条件 …………………………………………………… 29
  3.4.3 设置方法 …………………………………………………… 29
  3.4.4 优缺点分析 ………………………………………………… 31
 3.5 公交专用道标志标线 ………………………………………………… 32
  3.5.1 公交专用车道标线 ………………………………………… 32
  3.5.2 公交专用车道标志 ………………………………………… 33
 3.6 间歇式公交专用道 …………………………………………………… 35
  3.6.1 基本概念 …………………………………………………… 35
  3.6.2 设置条件 …………………………………………………… 36
  3.6.3 设置方法 …………………………………………………… 36
  3.6.4 特点分析 …………………………………………………… 42
 3.7 "插队车道" …………………………………………………………… 42
  3.7.1 基本概念 …………………………………………………… 42
  3.7.2 设置条件 …………………………………………………… 43
  3.7.3 设置方法 …………………………………………………… 44
  3.7.4 特点分析 …………………………………………………… 48

第 4 章 时间优先措施 ………………………………………………… 50
 4.1 时间优先概述 ………………………………………………………… 50
  4.1.1 基本概念 …………………………………………………… 50

  4.1.2 被动优先控制概述 ……………………………………………… 52
  4.1.3 主动优先控制概述 ……………………………………………… 53
  4.1.4 优先请求的触发 ………………………………………………… 55
 4.2 被动优先方法 ……………………………………………………………… 55
  4.2.1 调整信号配时 …………………………………………………… 55
  4.2.2 调整交通流参数 ………………………………………………… 59
  4.2.3 协调预测控制 …………………………………………………… 61
  4.2.4 被动优先方法总结 ……………………………………………… 63
 4.3 主动优先方法 ……………………………………………………………… 64
  4.3.1 绿灯延长 ………………………………………………………… 65
  4.3.2 绿灯提前 ………………………………………………………… 67
  4.3.3 插入相位 ………………………………………………………… 70
  4.3.4 相序变化 ………………………………………………………… 72
  4.3.5 主动优先方法总结 ……………………………………………… 75

第 5 章 预信号控制措施 …………………………………………………………… 77
 5.1 公交进口道预信号控制基本原理 ………………………………………… 77
 5.2 基于预信号的公交优先进口道布局形式 ………………………………… 78
 5.3 预信号控制方法的优缺点 ………………………………………………… 80
 5.4 预信号公交优先控制的目标和原则 ……………………………………… 80
 5.5 车辆停靠规则 ……………………………………………………………… 81
 5.6 公交候驶区长度 …………………………………………………………… 82
 5.7 预信号的设置条件 ………………………………………………………… 82
  5.7.1 道路几何条件 …………………………………………………… 82
  5.7.2 信号配时条件 …………………………………………………… 83
  5.7.3 交通流量条件 …………………………………………………… 83
  5.7.4 路段长度条件 …………………………………………………… 83

第 6 章 公交优先性能评价 ………………………………………………………… 84
 6.1 基本评价要求 ……………………………………………………………… 84
  6.1.1 评价对象和范围 ………………………………………………… 84
  6.1.2 数据采集 ………………………………………………………… 85
  6.1.3 公交优先性能评价指标体系 …………………………………… 85
 6.2 公交运行性能评价 ………………………………………………………… 86
  6.2.1 路段公交优先性能评价 ………………………………………… 86
  6.2.2 交叉口公交优先性能评价 ……………………………………… 88

- 6.2.3 公交服务水平评价 89
- 6.2.4 公交运营水平评价 90
- 6.3 外部性评价 91
  - 6.3.1 公交优先建设水平评价 91
  - 6.3.2 整体交通效益评价 92
  - 6.3.3 社会经济效益评价 94
- 6.4 评价结果形成 95

第 7 章 典型应用案例 96

- 7.1 成都市有轨电车蓉 2 号线 96
  - 7.1.1 案例概述 96
  - 7.1.2 信号优先控制总体方案 98
  - 7.1.3 交叉口信号控制策略 99
  - 7.1.4 典型交叉口信号控制方案 103
- 7.2 上海市公交信号优先案例 107
  - 7.2.1 上海陆家浜路公交信号优先(公交绿波＋主动信号优先) 107
  - 7.2.2 上海延安路公交优先项目 110
- 7.3 南京市公交优先控制系统 114
  - 7.3.1 系统设计 114
  - 7.3.2 技术特点 119
  - 7.3.3 应用情况及成效 121
- 7.4 长沙市基于智能网联的公交信号优先案例 122
  - 7.4.1 项目背景 122
  - 7.4.2 技术方案 122
  - 7.4.3 应用效果 125

第 8 章 展望 128

- 8.1 车路协同公交信号优先 128
  - 8.1.1 特点 128
  - 8.1.2 发展前景 129
- 8.2 自动驾驶公交优先 131
  - 8.2.1 特点 131
  - 8.2.2 发展前景 132

参考文献 134

概　述

CHAPTER 1

1.1　背景

城市地面公共交通(不含地铁、轨道交通,以下简称"公交")系统是城市交通系统的重要组成部分。作为城市出行的主要交通方式之一,高质量的公交运输服务能够极大地便利人们的出行活动,改善城市道路交通环境。为了应对小汽车高速增长所带来的交通拥堵、环境污染等问题以及提高公交出行方式的效率和服务质量,"公交优先"的理念多年前即开始在城市交通管理中出现。由于具有成本低、效益高等特点,公交优先组织管控措施已在国内外许多城市得到了广泛的实践应用。

公交优先组织管控指在交通管理和交通组织上,通过一定的技术手段在道路上给予公交车辆一定的优先权。公交优先组织管控的方法通常包括空间优先措施、时间优先措施和时空综合优先措施。

空间优先措施是指通过为公交车辆分配更多的道路空间资源以减少公交车辆运行受到的干扰,使公交车获得更快的运行速度。公交专用道是最常见的空间优先措施之一。

时间优先措施是指在信号控制交叉口给予公交车辆更多或更适当的通行时间,从而使公交车辆获得优先通行权,以提高公交车辆的运行效率。典型措施为公交信号优先控制。

时空综合优先措施是结合了信号控制时间资源和道路空间资

源,综合地为公交车辆与社会车辆分配通行权的方法,例如预信号控制策略等。

是否采用公交信号优先策略以及公交信号优先的等级取决于**场景条件**(如交叉口的道路等级、渠化设计、车道数量、相邻交叉口的协调情况)、**交通需求条件**(如机动车交通量、公交车交通量、慢行交通量)以及**基础设施条件**(如交叉口的检测器、信号灯等硬件和软件设施)等诸多因素。

1.2 目标

1. 公交优先组织管控的总体目标

在实施公交优先组织管控时,应立足于实现以下几个总体目标:
(1)提高公共交通服务的效率和可靠性;
(2)降低公交乘客的延误和等待时间;
(3)最小化对社会车辆通行效率的影响;
(4)使公交车辆能够连续、可靠地通过城市主要道路;
(5)保证公交车辆在信号控制交叉口的优先通行。

2. 公交优先组织管控的具体目标

不同城市在制定详细的公交优先组织管控方案时,根据不同的管控需求还需要着眼于实现更具体的目标,例如:
(1)降低特定交叉口的公交车辆控制延误;
(2)降低特定公交线路或城市干线的公交通行时间;
(3)降低公交车辆与社会车辆的路权冲突;
(4)提高公交系统的准点率;
(5)提高公交车辆的平均载客率;
(6)优化道路配置和信号配时;
(7)优化城市公交线路及运营方式;
(8)减少交通排放和对环境的影响;
(9)降低交通管理成本。

总体而言,公交优先组织管控应关注以人为本、以服务出行为主,体现交通、环境和资源友好的理念,提倡绿色出行和资源共享,提高个人出行水平、公共交通服务水平和交通管理水平,加强智能交通系统和"公交都市"的建设。

1.3 本书适用范围

本书适用于城市道路交通管理体系,主要应用于在城市道路上实施公交优先组织管控项目的场景。

1. 适合采用公交优先组织管控的情形

随着我国"公交都市"建设的推进,公交优先组织管控的实施越来越广泛,越来越多已建成的交叉口和路段开始出现建设公交优先组织管控项目的需求。在选择实施公交优先组织管控的路段或交叉口时,首先应考虑在实施公交优先组织管控后能够实现什么目标。以下几种情形较为适合实施公交优先组织管控:

(1) 公交车辆流量相对较大、途经公交线路较多的路段或交叉口;
(2) 公交出行依赖性强、公交出行分担率比较大的区域;
(3) 道路条件良好,可以施划公交专用道;
(4) 具备较好的交通流检测器、车路协同设施以及通信条件的区域;
(5) 公交车辆延误严重,经分析论证表明采用公交优先策略能够有效降低延误的情况;
(6) 正在开发或改造的区域,提倡在规划的公交线路上采用公交优先策略。

此外,可以根据特定交叉口、路段、干线、公交线路的交通需求,以及市政部门、规划部门和相关机构的规定和要求,采用多种方法确定实施项目的优先级。在确定实施公交优先组织管控项目的具体位置和优先级时,以下几个准则可以帮助制定决策:

(1) **公交车辆延误**:较大的公交延误意味着旅行时间更长且可能存在较大的波动,而实施公交优先组织管控能够有效地降低公交延误。

(2) **公交车辆乘客总延误**:如果两个方向的公交平均延误相近,那么优先考虑乘客总延误更大的方向,更大的乘客总延误意味着更高的公交出行量。

(3) **公交服务可靠性**:如果公交车辆的到达时间波动性大,载客效率低,那么通过公交优先组织管控,能够降低延误水平,提升公交服务的可靠性。

城市主要干道是优先考虑采用公交优先组织管控的对象,尤其是对于已经设有公交专用道或快速公交系统(bus rapid transit,BRT)路线的城市道路。而在城市次要道路上,则需要根据各路段和交叉口的实际条件、项目的需求分析以及成本效益分析结果确定管控对象是否实施公交优先管控措施。

计划实施公交优先组织管控的路段和交叉口的选择,应当采用逐条路段和逐个交叉口选取的原则。

2. 不适合采用公交优先组织管控的情形

在下列情形下,较不适合采用公交优先组织管控:

(1) 社会车辆的高峰小时需求较大,采取公交优先会导致较大的社会车辆延误,或在干线协调控制时公交优先可能导致交通流中断的情况,此时,可以考虑在高峰小时或干线协调控制期间不作公交优先,其他时段则可以实施优先;

(2) 在需求不充分或条件不具备时,如部分次干路、支路的小型交叉口,或路

段车道数不超过2条的情形,暂不采用公交优先组织管控;

(3) 采用公交优先效果不明显(平均节约时间不超过5%)的线路;

(4) 无法布置必需的检测器、通信设备等基础设施的位置;

(5) 公交优先策略与城市道路、公交线路和场站的长期规划冲突的情况;

(6) 依据安全、成本、效益、环境等方面考虑的其他情况。

1.4 基本条件

实施公交优先组织管控所需要的基本条件,包括道路交通信息系统、公交信息系统、公交优先请求触发器等。

1. 道路交通信息系统

道路交通信息系统包括道路交通基础设施和交通信息采集系统,是城市交通管理的信息基础和重要依据。道路交通信息系统的内容,应包括以下几个方面:

(1) **道路基础信息**:道路位置、路段类型、道路宽度、线型、横断面形式、限速条件、交通控制方式等。

(2) **道路基础设施**:交通指挥系统、交通流采集设施与车辆监测设施、信号控制设施、相关的通信设施以及其他交通管理设施等。

(3) **交通流信息**:交通调查信息(包括路段交通调查和城市居民出行调查等)、实时交通状态信息、评价信息等。

2. 公交信息系统

公交信息系统一般用于公共汽车运营管理和用户信息发布,是实施公交优先组织管控中获取公交运营信息、实时公交信息和公交出行信息的必需条件。公交信息系统的内容,应包括以下几个方面:

(1) **公交运营信息**:公交线路设置、公交车站位置、公交车辆类型、首末班车时间和运行时刻表等。

(2) **实时公交信息**:公交车辆实时位置、速度、载客量、行驶方向、是否存在延误、相邻车辆的车头时距等。

(3) **公交出行信息**:乘客支付信息、公交出行量和出行起讫点信息、乘客满意度、公交安全性和服务质量评价等。

3. 公交优先请求触发器

公交优先请求触发器(priority request generator,PRG)是实现交叉口公交信号优先的必需条件。PRG应具有根据实时交通状况触发和分类处理不同公交优先请求的功能,并能够向信号控制系统发送公交优先请求。根据触发公交优先请求的硬件设施不同,PRG 可以分为以下两种类型。

1) 车载优先请求触发器

由安装在公交车辆内部的车载单元(on-board unit,OBU)生成公交优先请求。车载优先请求触发器能够实时获取公交车辆的位置、速度等运行状态信息,并在公交车辆位于信号优先交叉口范围内时触发和传输公交优先请求。

2) 路侧优先请求触发器

由安装在交叉口或路侧的检测设备获取交叉口附近公交车辆的位置、速度等信息,由车路协同路侧设备(connected vehicle roadside unit,CV-RSU 或 RSU)检测到公交通行需求,生成公交优先请求信息并下发至信号机。或者由信号控制中心系统获取车辆位置或检测数据生成公交优先请求信息。路侧优先请求触发器能够收集服务范围内的公交车辆信息,根据公交运行状况触发优先请求。

1.5 术语定义

以下标准和规范界定的术语和定义适用于本书:
《道路交通信号控制术语》(GB/T 31418—2015)
《道路交通信息服务术语》(GB/T 29108—2012)
《道路交通信号控制方式》(GA/T 527—2016)

第 2 章

交 通 调 查

CHAPTER 2

2.1 信息收集内容

交通调查的目的是收集实施公交优先组织管控及其评价所必需的信息。根据信息的实时性和收集方式,将其分为交通流状态信息、静态公交运营信息、动态公交运营信息和其他信息。信息内容如表 2-1 所示。

表 2-1 公交优先组织管控所需的信息内容

分 类	信息收集内容
交通流状态信息	（1）路段交通流量 （2）交叉口交通流量 （3）拥堵延时指数 （4）服务水平 （5）设计道路条件 （6）实时交通流量
静态公交运营信息	（1）公交优先服务范围 （2）公交车站位置 （3）公交线路信息
动态公交运营信息	（1）交叉口信号控制状态 （2）公交动态运行信息
其他信息	（1）乘客满意度 （2）公交服务质量

2.2 交通流状态信息

2.2.1 路段交通流量

路段交通流量需要采集的信息分为整体交通流量信息和公交车交通流量信息,具体所需的信息内容见表 2-2。

表 2-2 路段交通流量信息

序号	信息内容	说明
1	路段名称	调查路段的唯一识别名,道路名—路段编号
A. 整体交通流量信息		
2	年平均日交通量	路段全年日交通量的平均值,pcu
3	周同期日交通量	一周内同一天的交通量的平均值,pcu
4	年 30 位最高小时流量	一年中所有小时交通量的第 30 位最大值,pcu/h
5	高峰平均行程速度	路段高峰小时的平均行程速度,km/h
6	高峰小时系数	路段的高峰小时流量/(4×最大 15min 流量)
B. 公交车交通流量信息		
7	公交线路数量	完全经过路段的公交线路总数
8	公交平均小时交通流量	一天内的小时公交流量的平均值,仅考虑有公交运营的时间段(如 6:00—22:00),veh/h
9	公交高峰小时交通流量	高峰小时的公交流量的平均值,veh/h

2.2.2 交叉口交通流量

交叉口服务范围内的交通流量信息分为整体交通流信息和公交车交通流量信息,见表 2-3。

表 2-3 交叉口交通流量信息

序号	信息内容	说明
1	交叉口名称	调查交叉口的唯一识别名
A. 整体交通流量信息		
2	高峰小时交通流量	交叉口高峰小时各流向的平均交通流量,pcu/h
3	高峰小时系数	交叉口各流向的高峰小时系数,为高峰小时流量/(4×最大 15min 流量)
4	饱和流率	交叉口各车道的饱和流率,pcu/h
B. 公交车交通流量信息		
5	公交小时到达量	交叉口各流向的公交小时到达量的平均值,仅考虑有公交运营的时间段(如 6:00—22:00),veh/h

续表

序号	信息内容	说　明
6	公交高峰小时系数	交叉口公交车流的高峰小时系数
7	高峰小时公交流量比	交叉口高峰小时的公交车流量占整体交通流量的比例，公交与其他车辆流量以 veh 计
C. 行人过街流量		
8	高峰小时行人流量	交叉口高峰小时各行人流向的平均交通量，pax/h
9	行人高峰小时系数	交叉口的行人流量高峰小时系数

2.2.3　拥堵延时指数

路段的拥堵延时指数即实施公交优先组织管控路段的平均旅行时间与自由流旅行时间的比值，一般仅需要考虑高峰时期的拥堵延时指数。需要采集的指标有：

（1）城市主要路段高峰拥堵延时指数；

（2）公交运营线路高峰拥堵延时指数；

（3）公交运营线路日平均拥堵延时指数。

可以分别收集过去一天、一周或一个季度的拥堵延时指数信息。根据公交线路及相关路段的实际情况，可以将工作日/双休日信息提取出来并分别考虑。

2.2.4　服务水平

计算路段服务水平需要收集的信息如表 2-4 所示。路段或交叉口的服务水平评价根据《道路交通拥堵度评价方法》(GA/T 115—2020)计算，具体计算方法参考其中的表 6-2 和表 6-3。

表 2-4　服务水平调查的基础信息

序号	信息内容	说　明
1	调查时段	如 7:00—9:00，宜连续采样 30min 以上
A. 路段服务水平基础信息		
2	路段名称	调查路段的唯一识别名，道路名—路段编号
3	道路等级	调查路段所属的道路等级
4	路段行程距离	调查路段的长度，m
5	路段自由流车速	自由流状态下的路段平均车速，km/h
6	平均路段行程速度	调查时段内车辆在路段上的行程速度平均值，km/h
B. 交叉口服务水平基础信息		
7	交叉口名称	调查交叉口的唯一识别名
8	交叉口检测范围	交叉口上下游检测断面之间的行程距离，m
9	自由流旅行时间	交叉口上下游为自由流状态且不受信号控制而中断时，车辆进出检测范围所需的行程时间，s

续表

序号	信息内容	说明
10	车道平均控制延误	交叉口各车道平均行程时间与自由流旅行时间之差,s
11	车道平均排队时间	交叉口各车道平均排队等待时间,s

路段和交叉口的信息应分别在平峰和高峰时期采集,并得到平峰和高峰时期的服务水平信息。

2.2.5 设计道路条件

设计道路条件主要包含以下设计信息:

(1) 区域、路段和道路的基础属性(参考《城市交通运行状况评价规范》(GB/T 33171—2016));

(2) 交叉口的规划范围(参考《城市道路交叉口规划规范》(GB 50647—2011));

(3) 城市道路的规划和设计要素(平、立面线形,限速,标线,渠化方案,人行横道等设施);

(4) 交叉口的规划和设计要素(平、立面线形,视距,限速,标线,渠化方案,人行横道等设施);

(5) 路段或交叉口的设计交通量与通行能力;

(6) 路段自由流速度;

(7) 信号控制相位设计方案。

2.2.6 实时交通流量

实时交通流量信息应包括断面流量信息和区间流量信息,信息采集的时间间隔建议为1～5min,对于信号控制交叉口区域建议亦可以信号控制周期为实时交通流量采集间隔。不具备充分检测条件的,一般不大于15min。

实时交通流量信息的具体内容如表2-5和表2-6所示,其中"检测时刻"是指检测器采集并发送信息的时刻,"检测时间间隔"是指本次检测时刻与上一次检测时刻之间的时间段。

表2-5 实时断面交通流量信息

序号	信息内容	说明
1	日期	检测日期,YYYY-MM-DD
2	时间	检测时刻,hh:mm:ss ms
3	设备编号	检测设备的唯一识别编号
4	车辆类型	检测设备所记录的车辆类型
5	流量	检测时间间隔内,通过的该类型车辆数,veh
6	占有率	检测时间间隔内,断面的时间占有率

表 2-6　实时区间交通流量信息

序号	信息内容	说　　明
1	日期	检测日期,YYYY-MM-DD
2	时间	检测时刻,hh:mm:ss ms
3	区间编号	检测区间的唯一识别名
4	区间边界	检测区间的上游和下游位置
5	区间类型	检测区间的类型：路段、交叉口进口、交叉口内部
6	平均旅行时间	检测时间间隔内通过区间的车辆的平均旅行时间,s
7	占有率	检测时间间隔内区间的平均空间占有率
8	平均速度	检测时刻区间内的时间平均速度*,km/h
9	排队长度	检测时刻区间内的排队长度,veh

* 时间平均速度为特定时刻区间内所有车辆的平均速度,不能由区间长度和平均旅行时间相除得到。

2.3　静态公交运营信息

2.3.1　交叉口的公交优先服务范围

交叉口的公交优先服务范围指公交车辆能够和固定在道路上的公交优先管控设施(一般包括交叉口和路段的信号控制设施)产生互动的范围。在城市道路交叉口或路段规划公交优先组织管控设施时,需要首先确定其公交优先服务范围,如表 2-7 所示。

表 2-7　交叉口公交优先服务范围信息

序号	信息内容	说　　明
1	交叉口名称	调查交叉口的唯一识别名
2	进口服务范围	交叉口各进口的公交优先服务范围,m
3	出口服务范围	交叉口各出口的公交优先服务范围,m

信号控制交叉口的进出口公交优先服务范围的决定因素包括：
(1) 交叉口通信设施与公交车辆上安装的移动通信设施的通信范围；
(2) 交叉口公交专用检测器准确检出公交车辆的有效范围；
(3) 交叉口各进出口到公交专用车道的最远范围；
(4) 交叉口信号显示输出设施(信号灯、可变标志等)的有效视距范围；
(5) 考虑车载定位系统的定位误差后,车辆能够与交叉口产生交互的范围；
(6) 交叉口的规划范围；
(7) 相邻交叉口或其他道路设施的最小距离。

公交优先服务范围建议由上述各条件的最小值确定,服务范围应同时覆盖进口和出口方向。采用主动优先措施的优先控制交叉口需要拥有一定的服务范围

（尤其在进口方向），保证充分获取交叉口附近公交车辆的实时状态。

为提高公交优先服务质量，公交优先服务范围的选取不宜过大，一般确保公交车辆在服务范围内能够得到有效的优先服务即可。相邻的公交优先组织管控设施的服务范围不宜重叠。

2.3.2 公交车站位置

公交车站位置的信息内容如表 2-8 所示。

表 2-8 公交车站位置信息

序号	信息内容	说明
1	车站名称	公交车站的唯一识别名
2	线路名称	公交线路的唯一识别名
3	路段名称	公交车站所在路段的唯一识别名
4	上下行标识	公交车站在此线路的运行方向。0：上行或环线；1：下行
5	车站坐标经纬度	公交车站的地理位置经纬度，精确到小数点后 6 位
6	车站线路位置	公交车站相对始发站的行程距离，km
7	车站纵向位置	公交车站相对下游交叉口的纵向位置，分为 3 种情形：服务范围外、车站位置较远（高峰小时进口排队范围外）、车站位置较近（高峰小时进口排队范围内）
8	车站型式	公交车站的设计型式分为两种情形：港湾式公交车站、非港湾式公交车站

2.3.3 公交线路信息

公交线路信息的内容如表 2-9 所示。

表 2-9 公交线路信息

序号	信息内容	说明
1	线路名称	公交线路的唯一识别名
2	公司名称	公交线路的所属运营商
3	上下行标识	公交车站在此线路的运行方向。0：上行或环线；1：下行
4	起终站点名称	公交线路上该方向的起始站名称和终点站名称
5	运营时间	公交线路的开始和结束运营时刻，24 小时制

2.3.4 公交运行时刻表

公交运行时刻表信息内容如表 2-10 所示。

表 2-10 公交运行时刻表信息

序号	信息内容	说　明
1	线路名称	公交线路的唯一识别名
2	公司名称	公交线路的所属运营商
3	上下行标识	公交车站在此线路的运行方向。0：上行或环线；1：下行
4	班次编号	该班次的唯一识别编号
5	运营日期类型	该班次的运营日期类型,如平日、双休日
6	发车时间	该班次的发车时间,如 6:00
7	车站到达时间*	该班次车辆预计在各个车站的到达时间

* 对于制定了详细运行时刻表的 BRT 等公交线路,可包含各车站的到达时间。

2.4　动态公交运营信息

2.4.1　交叉口信号控制状态

交叉口的信号控制状态信息见表 2-11。

表 2-11　信号控制状态信息

序号	信息内容	说　明
1	日期	当前日期,YYYY-MM-DD
2	时间	当前时刻,hh:mm:ss
3	交叉口名称	信号控制交叉口的唯一识别名
4	方案编号	交叉口当前的配时方案编号
5	相位编号	当前交叉口信号显示的相位编号
6	显示状态	交叉口各流向当前时刻的信号显示状态。 G：绿色；g：绿闪；Y：黄色；R：红色
7	显示时间	当前相位从开始显示到现在经过的时间,s
8	切换时间	当前相位的剩余显示时间,s

2.4.2　公交动态运行信息

公交动态运行信息为公交车辆运行过程中产生的实时信息。信息采集间隔建议为 10s～1min,一般不大于 1min。公交动态运行信息内容见表 2-12。

表 2-12　公交动态运行信息

序号	信息内容	说　明
1	时间	公交定位信息的生成时刻,YYYY-MM-DD hh:mm:ss
2	车辆编号	公交车辆的唯一识别编号

续表

序号	信息内容	说　明
3	线路名称	公交线路的唯一识别名
4	上下行标识	公交车站在此线路的运行方向。0：上行或环线；1：下行
5	上一车站	上一公交车站的名称
6	下一车站	下一公交车站的名称
7	到下一车站距离	距下一车站的行程距离，m。 位于公交车站时，表示到下一车站的距离
8	公交坐标经纬度	公交定位信息的地理位置经纬度，精确到小数点后6位
9	最近到站时间	公交车辆到达上一车站的实际时刻，YYYY-MM-DD hh:mm:ss
10	预测旅行时间	公交车辆到达下一车站预计所需要的时间，s
11	预测到站时刻	公交车辆到达下一车站的预计时刻，YYYY-MM-DD hh:mm:ss
12	公交载客率	公交车辆的当前载客率，或表示公交车辆拥挤程度的度量值
13	信号延误时间	公交车辆受信号控制影响所产生的延误时间，s

2.5　其他信息

2.5.1　乘客满意度

乘客满意度信息由公交车客户满意度调查得到，调查结果以量化评分的形式表达。具体调查内容如表2-13所示。

表2-13　乘客满意度信息内容

序号	信息内容	说　明
1	线路名称	被调查公交线路的唯一识别名
2	公司名称	被调查公交线路的所属运营商
3	总体满意度	公交服务总体乘客满意度水平，由以下各指标综合得到
4	服务便利性	表明乘客对公交服务便利性的满意度指标，1分最低，7分最高
5	准时性	表明乘客对公交准时情况的满意度指标，1分最低，7分最高
6	车辆清洁度	表明乘客对公交车内清洁度的满意度指标，1分最低，7分最高
7	乘坐舒适性	表明乘客对乘坐公交车是否舒适的满意度指标，1分最低，7分最高
8	员工满意度	表明乘客对公交车服务人员的满意度指标，1分最低，7分最高

2.5.2　公交服务质量

公交服务质量评价指标分为可用性指标和舒适性指标，各项评价结果以量化评分形式表达。具体评价内容如表2-14所示。

表 2-14　公交服务质量信息内容

序号	信息内容	说　　明
1	线路名称	被调查公交线路的唯一识别名
2	公司名称	被调查公交线路的所属运营商
3	综合服务质量	公交服务质量的整体水平,由以下指标综合得到
可用性指标		
4	服务频率	基于公交线路平均车头时距的评价指标,1分最低,5分最高
5	服务时间	基于公交线路服务时间跨度的评价指标,1分最低,5分最高
6	服务可达性	反映公交服务能否有效覆盖乘客出行需求的评价指标,1分最低,5分最高
舒适性指标		
7	拥挤度	反映公交车高峰时期拥挤度的评价指标,1分最低,5分最高
8	可靠性	反映公交服务时间波动和可靠性的评价指标,1分最低,5分最高
9	行程时间	反映公交服务相对其他交通方式优势的评价指标,1分最低,5分最高
10	安全性	反映公交运行安全性的评价指标,1分最低,5分最高
11	乘客服务	反映公交其他服务质量的评价指标,1分最低,5分最高

表 2-15~表 2-21 给出了公交服务质量各项评价指标的参考判定方法。在实际公交服务质量评价中,可以根据以下评价方法确定各指标的量化评价等级,也可以根据城市、公交运营公司的实际情况,制定其他的具体评价方法。

表 2-15　公交服务频率评价指标

平均发车时距	说　　明	评价等级
≤10min	服务频率高,乘客无须查询时刻表,有时会出现串车现象,高密度或乘客量大的交通走廊应达到该级别	5分
10~15min	服务频率相对较高,乘客通常会查询计划到达时间以减少其等待时间,错过某一班次会导致等待时间增加	4分
15~30min	乘客需要查询运行时刻表的计划到达时间,以减少其等待时间,且需要根据时刻表调整出行计划	3分
30~60min	如果发车时距非整点,乘客需要查询计划到达时间,且通常无法达到最优的到达或离开时间	2分
大于60min	乘客必须根据公交时刻表调整出行;由于错过一班车导致的等待时间过长,不适用于城市公交服务	1分

表 2-16　公交服务时间评价指标

服务时间跨度*	说　　明	评价等级
>18h	能够满足全时段的出行需求,尤其在晚上可以替代其他有风险的出行方式(如酒驾),减少事故发生	5分
15~18h	可以较晚结束或较早开始,能够满足通勤和大部分非通勤(如夜晚课程、早晚航班、社交活动)出行需求	4分

续表

服务时间跨度*	说　　明	评价等级
12～14h	能满足正常办公时间出行,且能够满足到达和离开时间有一定灵活性的通勤出行	3分
6～11h	仅能满足一天中间的出行,无法满足下班时间之后有出行需要的乘客	2分
小于6h	用于高峰时间服务,能够满足一定需求的最低服务要求,乘客需要按照公交时刻表选择出行时间,很少有灵活性	1分

* 服务时间跨度为当天内公交线路最后一班车发车时刻减去第一班车发车时刻,加1h后取整得到。

表 2-17　公交服务可达性评价指标[3]

服务等级	说　　明	评价等级
服务区域比*大于90%,且服务人口比**大于90%	公交服务几乎覆盖社区内所有目的地,且公交线路一般有迂回,直线系数较低,行程时间一般较长	5分
服务区域比大于90%且服务人口比不大于90%	公交服务几乎覆盖社区内所有高密度区域	4分
服务区域比75%～90%	公交服务覆盖大多数高密度区域,低密度区域不可达	3分
服务区域比51%～74%	公交服务覆盖部分高密度区域,接驳距离较长	2分
服务区域比小于50%	公交服务仅设置在最高密度的走廊	1分

* 服务区域比是指公交服务区域的覆盖率。公交服务区域包括公交服务步行可达的区域,其工作日内具有平均1小时以内的服务频率(发车时距)。

** 服务人口比指服务区域内可接受公交服务的人口占比。可接受公交服务的人口数量,应根据当地居民受教育程度、经济负担程度,以及是否有可用无障碍设施(对于残障人士)等条件综合判断。

表 2-18　公交拥挤度评价指标[3]

服务等级	说　　明	评价等级
满座率60%以下 站立空间大于1m^2/人	空间富余,乘客可以伸展或没有挨着坐的情形	5分
满座率60%～80% 站立空间0.5～1m^2/人	乘客有选择座位的自由,或具有舒适的站立空间,乘客之间能够保持距离	4分
满座率100%～120% 站立空间0.35～0.5m^2/人	大多数乘客都有座位,站立的乘客之间偶尔可能有身体接触	3分
满座率125%～150% 站立空间0.2～0.35m^2/人	设有座位的车辆,有1/3乘客必须站立;设计站立的车辆,乘客之间有身体接触	2分
满座率大于150% 站立空间小于0.2m^2/人	车内极度拥挤,乘客有频繁的身体接触,上下车困难,感知行程时间增加	1分

注:设计为大多数乘客有座的车辆,考虑满座率;设计为大多数乘客站立的车辆,考虑乘客站立空间。

表 2-19　公交可靠性评价指标[3]

准点率	说　明	评价等级
95%～100%	可靠的公交服务,乘客很少遇到不准时的情况	5 分
90%～94%	工作日单程不换乘的乘客平均每周遇到 1 次不准时	4 分
80%～89%	工作日单程不换乘的乘客每周遇到 1～2 次不准时服务	3 分
70%～79%	工作日单程有换乘的乘客平均每天会遇到 1 次不准时	2 分
小于 70%	非常不可靠的公交服务	1 分

表 2-20　公交运行时间评价指标[3]

公交—小汽车行程时间比	说　明	评价等级
不大于 1.25	公交和小汽车行程时间差不多,公交出行方式可作为小汽车的充分可靠替代	5 分
大于 1.25～1.5	公交行程时间稍微慢一些,公交使用者可以接受	4 分
大于 1.5～1.75	公交车往返通勤可能比使用小汽车总共慢 1h 左右	3 分
大于 1.75～2.0	公交出行的行程时间较长,仅在高峰时期能够接受	2 分
大于 2.0	公交出行时间过长,乘客乏味,缺乏出行方式竞争力	1 分

表 2-21　公交安全性、乘客服务评价指标

序号	评价指标	说　明
	A. 安全性指标	
1	事故率	一定服务里程(如 10 万 km)或时间段内的发生事故数
2	乘客安全	一定时间段内的乘客事故伤亡数
3	超速比例	公交运营公司记录的超速行为数量
4	不安全驾驶	包括司乘人员的醉酒、疲劳驾驶等不安全驾驶行为次数
	B. 乘客服务评价指标	
5	意见响应率	客户向公交运营公司反馈意见的响应数占比
6	服务应答时间	客户通过电话、邮件或留言提问到获得实质性回答的时间
7	满意度调查	公交乘客的满意度调查结果,具体内容见表 2-13

第3章

空间优先措施

CHAPTER 3

3.1 概述

公交空间优先是指在道路空间资源的层面采取适当的道路工程或交通工程措施为公交车辆提供道路使用权上的优先,使得公交车辆与其他交通方式在空间上得到分离,有效减少社会车辆对公交车辆的干扰,提高公交行驶速度,改善公交服务水平。

依据道路的专用程度,公交专用路权可大致分为公交专用车道和公交专用路两种。公交专用车道是在普通道路上通过施划专用标线、标识或设置专用标志及隔离设施隔离出的专用车道,仅供公交车辆行驶;公交专用路为完全由公交车辆使用的独立道路。

公交空间优先最常见的措施如下:
(1) 在城市道路路段上布设公交专用车道;
(2) 在交叉口处设置公交专用进口道;
(3) 公交专用路。

本章主要介绍各类公交专用道(路)的设置类型及适用范围。

3.2 路段公交专用车道

3.2.1 基本概念

路段公交专用车道是指在城市道路路段上布设公交专用车

道,在距离道路交叉口停止线一定长度处终止,即道路的路权在部分车道或部分时段归公交车辆所有,在规定时间内只允许公交车辆及特殊车辆通行的车道。(注:特殊车辆指法律法规规定的在特定情况下可以使用公交专用车道的车辆。)

如我国高速公路上的公交专用车道,是指为方便主城区与卫星城之间的交通联系,满足相距较近的城市之间的居民日常上下班等主要出行,而在高速公路上占用部分车道开通公交专用车道,公交车辆在此高速专用车道上享有独立路权。北京京通快速路、京开高速公路上的公交专用车道见图3-1和图3-2。

图3-1 京通快速路公交专用车道[①]

图3-2 京开高速公交专用车道[②]

①② 图片来源:百度搜索。

3.2.2 设置条件

根据我国大力提倡绿色低碳出行现况,结合公交专用车道设置相关行业标准,选择适用性较广的上海地方标准《公交专用道系统设计规范——上海市工程建设规范》(DG/TJ 08—2172—2015 J 13115—2015)作为本书中公交专用车道的设置条件,具体如表 3-1 所示。

表 3-1 公交专用车道设置条件[①]

	设 置 要 求	具体设置条件
公交专用车道	道路满足右列条件之一时,**应**设置公交专用车道	路段单向机动车道 3 车道及以上,高峰单向断面公交客流量不小于 4000(人·次)/h,或公交车流量不小于 90 标准车[*]/h
		路段单向机动车道 2 车道,高峰单向断面公交客流量不小于 3000(人·次)/h,或公交车流量不小于 70 标准车/h
	道路满足右列条件之一时,**宜**设置公交专用车道	路段单向机动车道 3 车道及以上,预测 3 年内高峰单向断面客流量不小于 4000(人·次)/h,或公交车流量不小于 90 标准车/h
		路段单向机动车道 3 车道及以上,高峰单向断面公交客流量不小于 3000(人·次)/h,或公交车流量不小于 70 标准车/h
		路段单向机动车道 2 车道,高峰单向断面公交客流量不小于 2500(人·次)/h,或公交车流量不小于 60 标准车/h
	道路满足右列条件之一时,**可**设置公交专用车道	高峰单向断面公交客流量不小于 1500(人·次)/h,或公交车流量不小于 40 标准车/h
		高峰公交运行车速小于 15km/h,且公交客流量不小于通道客流量的 60%
	机动车单行道路满足右列全部条件时,**宜**设置逆向式公交专用车道(具体见)	生活性道路,路段机动车道 3 车道及以上
		路段逆向高峰单向断面公交客流量不小于 3000(人·次)/h,或公交车流量不小于 70 标准车/h
通行时间	公交专用车道的使用时间**宜**按右列条件确定	公交客流高峰小时系数[**]小于 0.18 时,宜设置白天公交专用车道
		公交客流高峰小时系数不小于 0.18 时,宜设置高峰时段公交专用车道

① 《公交专用道系统设计规范——上海市工程建设规范》(DG/TJ 08—2172—2015 J 13115—2015)。

[*] 本章"标准车",均指"公交标准车",即指车身长度为 12m 的单节公共汽车。不同类型的公交营运车辆按统一的标准当量折算成公交营运车辆数,以下同。

[**] 公交客流高峰小时系数:高峰小时通过某一道路断面的公交乘客数占全天通过该断面乘客数的比例。

3.2.3 设置方法

路段公交专用车道按照其在道路路段布设的位置可以分为外侧式公交专用车道、次外侧式公交专用车道、内侧式公交专用车道和逆向式公交专用车道4种。具体设置方法如下：

1. 外侧式公交专用车道

外侧式公交专用车道指将公交专用车道设置在机动车行驶方向的最右侧车道，有机非隔离带和无机非隔离带的外侧式公交专用车道设置形式参见图3-3和图3-4，公交专用车道沿线开口处应施划网状线，参见图3-3。

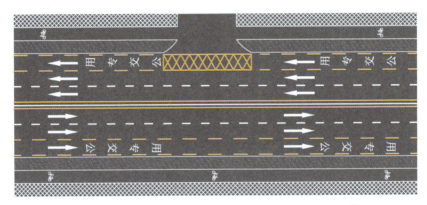

图 3-3　外侧式公交专用车道（有机非隔离带沿线开口）[①]

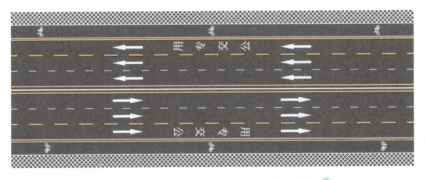

图 3-4　外侧式公交专用车道（无机非隔离带）[②]

2. 次外侧式公交专用车道

次外侧式公交专用车道指将公交专用车道设置在机动车行驶方向最右侧第二

[①②]　图片参考：《公交专用车道设置规范》（DB 37/T 3541—2019）。

条车道上,具体设置方法参见图 3-5。

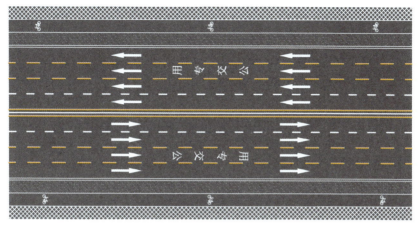

图 3-5　次外侧式公交专用车道[①]

3. 内侧式(路中式)公交专用车道

内侧式(路中式)公交专用车道指将公交专用车道设置在机动车行驶方向的最左侧车道,有中央分隔带和无中央分隔带的内侧式(路中式)公交专用车道设置方法参见图 3-6 和图 3-7。

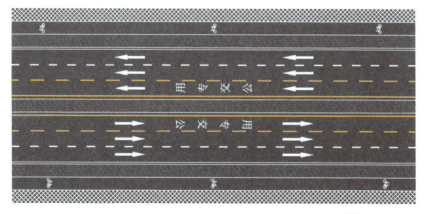

图 3-6　内侧式(路中式)公交专用车道(有中央分隔带)[②]

4. 逆向式公交专用车道

逆向式公交专用车道,应设置在社会车辆单行道的逆向车道,具体设置方法参见图 3-8。

---

①②　图片参考:《公交专用车道设置规范》(DB 37/T 3541—2019)。

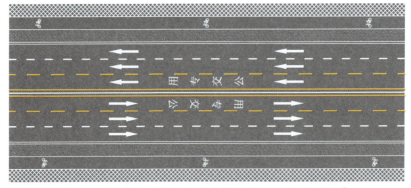

图 3-7 内侧式(路中式)公交专用车道(无中央分隔带)[①]

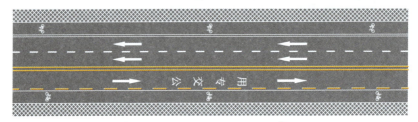

图 3-8 逆向式公交专用车道[②]

3.2.4 优缺点分析

1. 路段公交专用车道的优势

路段公交专用车道的设置,减少了路段行驶过程中社会车辆对公交车辆的横向干扰,减少了公交车辆在路段上的延误,提高了运行速度,保证了公交车辆在路段上的专属路权。

2. 路段公交专用车道的局限性

路段公交专用车道上的公交车辆在道路交叉口处与其他普通车辆一样排队等待信号灯放行,通过信号控制交叉口后,其他车辆同样快速行驶,导致公交专用车道的效果大打折扣,不能充分体现公交专用车道连续、成网的效果。

3.3 公交专用进口道

3.3.1 基本概念

为保证公交专用车道在交叉口的连续性,减少公交车辆在交叉口换道、排

---

①② 图片参考:《公交专用车道设置规范》(DB 37/T 3541—2019)。

队、待行而产生的延误,将布设在道路路段上的公交专用车道延伸至交叉口进口道,该交叉口进口道处设置只允许公交车辆停车等待的专用车道,即公交车辆在公交专用道路交叉口某条进口道上具有专属的道路使用权。路段公交专用车道也可在交叉口出口处设置公交车专用出口车道,以进一步提升公交专用车道的连续性。

3.3.2 设置条件

交叉口进口道原则上设置不多于两条公交专用进口道。公交专用进口道具体设置条件如表 3-2 所示。

表 3-2 公交专用进口道设置条件[①]

设置要求	设置内容	具体设置条件
一条公交专用进口道	应设置公交直行专用进口道	交叉口单向直行进口道车道数不小于 2 条,且高峰直行公交车流量不小于 60 辆/小时
	应设置公交左转专用进口道	交叉口单向左转进口道车道数不小于 2 条,且高峰左转公交车流量不小于 50 辆/小时
	应设置公交直行或者左转专用进口道	对交叉口进口道可变车道,可根据公交车流量以及交叉口流量特征,灵活设置公交专用进口道
两条公交专用进口道	宜设置公交直行专用进口道	交叉口单向直行进口道车道数不小于 4 条,且高峰直行公交车流量不小于 150 辆/小时
	宜设置公交左转专用进口道	交叉口单向左转进口道车道数不小于 4 条,且高峰左转公交车流量不小于 120 辆/小时
	宜设置一条直行和一条左转专用进口道	交叉口单向进口道车道数不小于 4 条,其中直行进口道车道数不小于 2 条,且高峰直行公交车流量不小于 60 辆/小时,同时单向左转进口道车道数不小于 2 条,高峰左转公交车流量不小于 50 辆/小时

① 资料来源:《佛山市公交专用道设置标准和设计指引(试行)》。

公交专用进口道是指从道路进口道起点至交叉口停止线仅供公交车辆使用的导向车道;公交专用出口道起始于对侧进口车道停止线延长线。交叉口进出口道渠化长度由展宽渐变段 L_t 与展宽段 L_d 组成(图 3-10~图 3-19),最小长度符合表 3-3 的要求。

表 3-3　交叉口公交专用进出口道渠化最小长度[①]

设置内容	设置要求
公交专用进口道	社会车辆跨越公交专用车道时,展宽渐变段最小长度应不小于:支路 20m,次干路 25m,主干路 35m
	公交车跨越社会车道时,展宽渐变段最小长度应不小于:支路 40m,次干路 50m,主干路 70m
	展宽段最小长度应不小于:支路 30～40m,次干路 50～70m,主干路 70～90m。与支路相交取下限,与主干路相交取上限
公交专用出口道	社会车辆跨越公交专用车道时,展宽渐变段最小长度应不小于 20m
	公交车跨越社会车道时,展宽渐变段最小长度应不小于 40m
	展宽段最小长度应不小于:支路 30m,次干路 45m,主干路 60m。有公交港湾停靠站时,还应增加设置停靠站所需的长度

① 资料来源:《公交专用车道设置规范》(DB 37/T 3541—2019)。

3.3.3　设置方法

1. 公交专用进口道

公交专用进口道按照其布设形式可分为外侧式公交专用进口道、次外侧式公交专用进口道、内侧式(路中式)公交专用进口道,具体如下。

1) 外侧式公交专用进口道

交叉口禁止右转时,公交专用进口道应设在最右侧车道,具体设置方法参见图 3-9;公交专用车道存在左转公交车辆转弯需求时,宜设置公交待转区,具体设置方法参见图 3-10。

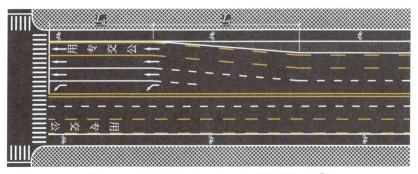

图 3-9　外侧式公交专用进口道(禁止右转时)[①]

L_t 为展宽渐变段;L_d 为展宽段,下同

交叉口未设置右转专用相位,且高峰时段每信号周期右转社会车辆不大于

① 图片参考:《公交专用车道设置规范》(DB 37/T 3541—2019)。

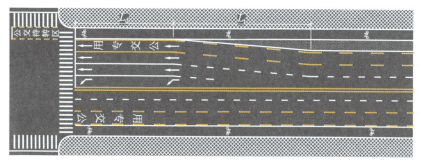

图 3-10　外侧式公交专用进口道（设置公交待转区）[①]

4pcu，公交专用进口道宜设在最右侧车道，并在右转进口道渐变段范围内施划黄色网状线，供右转社会车辆通行。具体设置方法参见图 3-11。

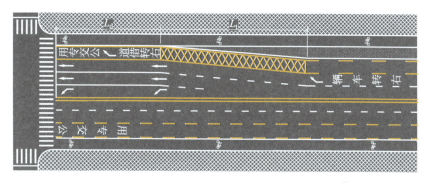

图 3-11　外侧式公交专用进口道与右转进口道合用[②]

交叉口设置右转专用相位，或高峰时段每信号周期右转社会车辆大于 4pcu，公交专用进口道宜设在右转进口道的左侧，并在右转进口道渐变段范围内施划黄色网状线，供右转社会车辆跨越公交专用道。具体设置方法参见图 3-12。

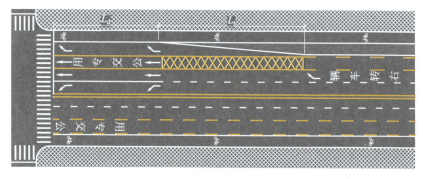

图 3-12　外侧式公交专用进口道设在右转车道的左侧[③]

---

①~③　图片参考：《公交专用车道设置规范》(DB 37/T 3541—2019)。

2) 次外侧式公交专用进口道

次外侧式公交专用进口道设置方法应符合如下要求。

次外侧式公交专用进口道应设置在最右侧车道的左侧车道,并在右转进口道渐变段范围内施划黄色网状线,供右转社会车辆跨越公交专用道。具体设置方法参见图 3-13。

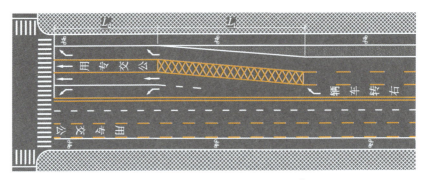

图 3-13　次外侧式公交专用进口道[①]

道路路段无公交专用道,交叉口设置公交专用进口道,应在交织段施划黄色网状线。具体设置方法参见图 3-14。

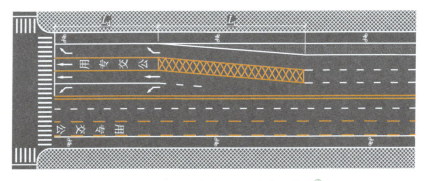

图 3-14　交叉口所在路段无公交专用车道[②]

3) 内侧式(路中式)公交专用进口道

内侧式(路中式)公交专用进口道设置方法应符合如下要求。

交叉口禁止左转时,公交专用进口道应设置在最左侧车道。具体设置方法参见图 3-15。

交叉口未设置左转专用相位,且高峰时段每信号周期左转社会车辆不大于 2pcu,公交专用进口车道宜设在最左侧车道,并在左转进口道渐变段范围内施划黄

[①②]　图片参考:《公交专用车道设置规范》(DB 37/T 3541—2019)。

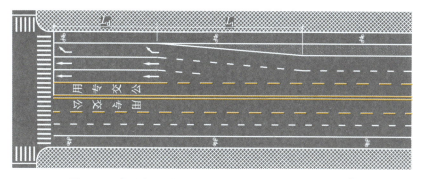

图 3-15　内侧式(路中式)公交专用进口道(禁止左转时)①

色网状线,可供左转社会车辆通行。具体设置方法参见图 3-16。

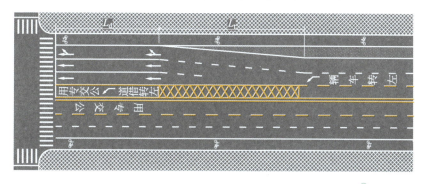

图 3-16　内侧式(路中式)公交专用进口道与左转进口道合用②

　　交叉口设置左转专用相位,或高峰时段每信号周期左转社会车辆大于 2 辆,公交专用进口道宜设在左转进口道的左侧,具体设置方法参见图 3-17(此设置方式通常用于封闭式公交专用道,如 BRT 线路、有轨电车线路);左转社会车辆借公交专用车道左转,具体设置方法参见图 3-18。

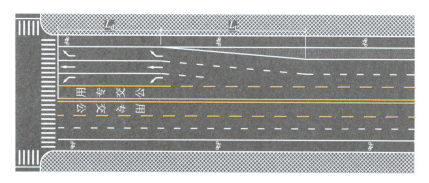

图 3-17　内侧式(路中式)公交专用进口道设在左转车道的左侧③

---

①~③　图片参考:《公交专用车道设置规范》(DB 37/T 3541—2019)。

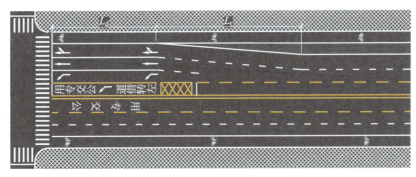

图 3-18　内侧式(路中式)公交专用进口道设在左转车道的左侧(左转社会车辆借道)[1]

2. 公交专用出口道

公交专用出口道起始于对侧进口车道停止线延长线,具体设置方法参见图图 3-19。

交叉口出口道展宽,且外侧式公交专用出口道与社会车道合并时,宜施划不小于 40m 长的网状标线,允许社会车辆跨越公交专用车道。具体设置方法参见图 3-19。

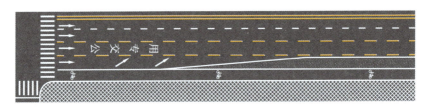

图 3-19　交叉口出口道社会车辆跨越公交专用车道[2]

3.3.4　优缺点分析

1. 公交专用进口道的优势

设置公交专用进口道可进一步保证公交车辆在交叉口处依然拥有对道路的优先使用权,减少公交车辆在交叉口处的延误,提高公交车辆的运行效率和通行能力。

2. 公交专用进口道的局限性

(1) 交叉口处道路条件及交通流复杂,公交专用进口道受到信号控制以及路口渠化的影响,公交专用进口道设置与交叉口交通条件不匹配时易对社会车辆造成干扰。

(2) 可能会减少社会车辆的进口道通行能力,严重时甚至会导致社会车辆被阻塞而不能通过交叉口。

---

[1][2]　图片参考:《公交专用车道设置规范》(DB 37/T 3541—2019)。

(3) 公交车辆与社会车辆在变换车道时,容易使车流出现拥挤和紊乱,导致行车速度降低,增加社会车辆的延误。

3.4 公交专用路

3.4.1 基本概念

公交专用路是指道路的使用权完全归公交车辆所有,在特定的道路上享有全部的、排他性的绝对道路使用权,只允许公交车辆使用,而不允许其他车辆行驶的道路。

3.4.2 设置条件

同公交专用车道的设置标准,参考上海地方标准 DG/TJ 08—2172—2015 J 13115—2015,公交专用路的设置条件如表 3-4 所示。

表 3-4 公交专用路设置条件[①]

设置要求		设置条件
公交专用路	道路满足右列条件之一时,**可设置公交专用路**	路段单向机动车道 1 车道,高峰单向断面公交客流量不小于 4000(人·次)/h,或公交车流量不小于 90 标准车/h
		路段单向机动车道 2 车道,高峰单向断面公交客流量不小于 6000(人·次)/h,或公交车流量不小于 120 标准车/h,且高峰公交客流量不小于通道客流量的 80%
		城市旅游区、历史保护区、商业区等道路,规定禁止社会车辆通行,且需要公交车通达的路段

① 《公交专用道系统设计规范——上海市工程建设规范》(DG/TJ 08—2172—2015 J 13115—2015)。

3.4.3 设置方法

公交专用路布置方式主要有高架专用、地下专用和地面专用三种形式。

1. 高架公交专用路

高架公交专用路是指在城市道路系统中修建专门为公交车辆使用的高架道路,这是公交专用路最为常见的形式,主要的公交方式为全隔离式的快速公交系统(bus rapid transit,BRT),与地面交通相互分离。

国内典型代表城市为厦门市,其高架 BRT 专用路如图 3-20 所示。

2. 地下公交专用路

地下公交专用路类似于地铁的建设,在地下形成独立或与轨道交通共用路权

图 3-20　厦门市高架 BRT 专用路

的运营系统,同样需要高额的建设成本与较长的建设周期,代表城市有西雅图市、波士顿市,如图 3-21 所示。

图 3-21　波士顿市地下公交专用路[①]

---

①　图片来源:微软 Bing 搜索。

3. 地面公交专用路

地面公交专用路是由巴西库里提巴市首创,以整体城市规划优先推广公交发展理念,多年后建成举世闻名的"路面地铁",如图 3-22 所示。其优缺点与高架公交专用路相似。

图 3-22　库里提巴市地面公交专用路[①]

3.4.4　优缺点分析

1. 公交专用路的优势

公交专用路具有灵活方便、快速、容量大等优势。

(1) 路权独立。公交专用路采用封闭式道路,不受其他交通方式的干扰。

(2) 运行速度快。可像轻轨或地铁那样采用编列行车方式运营,高架公交专用路上的公共交通车辆的运营速度可达到 30~40km/h,其速度可以和轻轨相比。

(3) 客运量大。公交专用路配合专门的新型公交车辆(如大型电动铰链公交车),其客运能力可达 20000~40000(人·次)/小时。

(4) 投资较低。公交专用路建设投资仅为轻轨交通的 1/10,噪声污染较少。

2. 公交专用路的局限性

公交专用路和常规公交系统相比建设成本较高、建设周期较长,不适合普通城市的公交系统改造。

---

① 图片来源:微软 Bing 搜索。

3.5 公交专用道标志标线

在实施公交专用车道时,应施划公交专用车道标线和设置公交专用车道标志,以表示该车道专供公交车辆行驶。公交专用车道标线和标志在满足《道路交通标志和标线》(GB 5768—2009)的基础上,可采用如下实施方式。

3.5.1 公交专用车道标线

1. 公交专用车道线

公交专用车道线由黄色虚线车道线及白色地面文字组成,表示除公交车外,其他车辆及行人不得进入该车道。具体参见图3-23(图中箭头仅表示车流行驶方向)。

图3-23 公交专用车道线及地面提示文字[①]

标写的文字为"公交专用"或"BRT专用"。该车道为分时专用车道时,应在文字下加标公交车专用时间段。

公交专用车道线从起点开始施划,每经过一个交叉口重复一次字符。如交叉口间隔距离较长,也可在中间适当地点增加施划字符。

2. 黄色网格线

社会车辆跨越公交专用车道时,应在转向车辆最大排队长度上游设置交织段,其长度宜不小于40m,在交织段施划网状线,供社会车辆借道使用。具体参见图3-24。

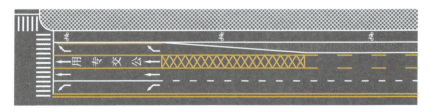

图3-24 黄色网格线(社会车辆借道区)[②]

---

①② 图片参考:《公交专用车道设置规范》(DB 37/T 3541—2019)。

3. 公交停靠站标线

公交停靠站标线包括非港湾式停靠站标线、浅港湾式停靠站标线和深港湾式停靠站标线,具体参见图3-25。

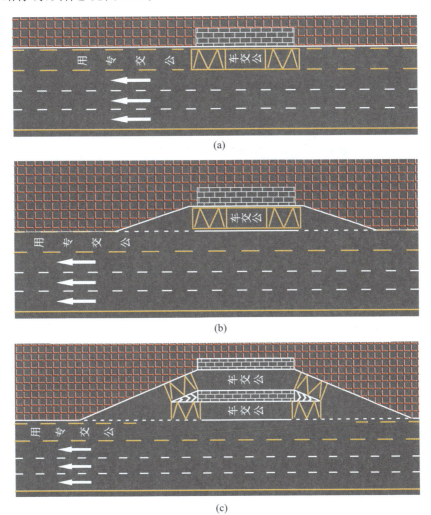

图 3-25　公交停靠站标线①

（a）非港湾式停靠站标线；（b）浅港湾式停靠站标线；（c）深港湾式停靠站标线

3.5.2　公交专用车道标志

公交专用车道应设置专用车道标志,表示该车道专供公交车辆行驶,全线标志

---

① 图片参考：《公交专用车道设置规范》(DB 37/T 3541—2019)。

的设置应统一、连续、醒目。

公交专用车道标志应与公交专用车道标线配合使用,在起始点、交叉口出口道及其他易引起误判的地方应设置公交专用车道标志,条件受限的地方或其他小型交叉口可酌情减少设置。

公交专用车道标志的版面上箭头应正对车道,箭头方向向下,具体参见图3-26;标志无法正对车道时,可以不标注箭头;有分时段规定时,应标注公交车辆专用时间段,具体参见图3-27。

图3-26 公交专用车道标志①

图3-27 分时段公交专用车道标志②

在交叉口前应结合分道标志,标识公交专用进口车道。公交专用进口车道标志无法正对车道时,可不标注箭头或与车道行驶方向标志配合使用;分时段的公交专用车道,采用车道行驶方向标志设置的,应在文字下方加以标注,标注形式与地面标注时间的形式一致。参见图3-28。

路侧公交专用车道有右转社会车道时,以及路中公交专用车道有左转社会车道时,应设有车道行驶方向标志,表明进口道的划分。具体参见图3-29和图3-30。

图3-28 分时段分车道的公交专用车道标志③

图3-29 有右转社会车道的路侧公交专用车道标志④

社会车辆借道公交专用车道转向时,应在车道行驶方向标志中标注出借道行驶,参见图3-31和图3-32。

---

①~④ 图片来源:《公交专用车道设置规范》(DB 37/T 3541—2019)。

图 3-30　有左转社会车道的路中公交专用车道标志①

图 3-31　右转社会车辆借道公交专用车道标志②

图 3-32　左转社会车辆借道公交专用车道标志③

3.6　间歇式公交专用道

3.6.1　基本概念

基于动态公交专用道理念,可以将普通交通车道间歇性地转换为公交专用道。间歇式公交专用道(intermittent bus lane,IBL)是指在给定路段(即设置间歇式公交专用道的相邻交叉口之间的基本路段,以下称对象路段)根据公交车是否占用道路资源实时分配路权的车道,即仅在公交车驶入路段车道时变为公交专用道,公交车驶离该路段车道后切换为常规机动车道,向社会车辆开放。

目前,国内尚未有间歇式公交专用道投入实际应用。国外较为典型的是葡萄牙里斯本和澳大利亚墨尔本已设置的间歇式公交专用道[8]。里斯本将间歇式公交专用道设置在单向双车道路段的最外侧车道上[9],而墨尔本是在有轨电车和小汽车之间进行路权分配,将间歇式公交专用道设置在单向双车道路段的内侧有轨电车车道上[10]。

---

①~③　图片来源:《公交专用车道设置规范》(DB 37/T 3541—2019)。

3.6.2 设置条件

间歇性公交专用道被证实在道路车辆处于自由流和交通饱和状态下不起作用,主要适用于公交车流量较小、发车频率较低或中等但公交运行容易受社会交通流影响的交通状态。

1. 道路条件

路段是否可以设置间歇式公交专用道需要首先判断该路段是否满足一定的道路条件,包括车道数、车道宽度、中央隔离带、路段开口数量以及公交停靠站形式等[11-13]。

1)车道数

设置间歇式公交专用道至少需要满足单向具有两条以上车道的条件。

2)车道宽度

车道宽度需要满足公交车运行加上会车、错车视距。当道路车道数较多时,如果单条车道宽度不够,可以将部分相邻车道划分为间歇式公交专用道。

3)其他影响因素

较宽的中央隔离带有利于间歇式公交专用道的设置,可以通过消减中央隔离带的宽度增加车道,从而设置间歇式公交专用道。

2. 交通条件

设置间歇式公交专用道的宏观交通条件是:公交车流量较小(即公交车服务频率较低),但小汽车流量较大。不同公交车流量下设置间歇式公交专用道的交通流密度条件不同,具体如表 3-5 所示[14]。

表 3-5　不同公交车流量下设置间歇式公交专用道的密度条件

公交车流量/(辆/小时)	设置 IBL 密度条件/(pcu/km)
30	29.1~77
60	35.8~76
90	36.4~77
120	36.6~80

3.6.3 设置方法

间歇式公交专用道(IBL)使用可变信息标志(VMS)和嵌入路面的纵向信号灯(受控变色发光道钉)(IBL 指示灯),向道路使用者传达间歇式公交专用道目前路权归属状态,通知社会车辆公交车即将到来,禁止社会车辆再进入专用道。

1. 间歇式公交专用道车流运行规则

间歇式公交专用道小汽车及公交车流运行规则具体如下[15-17]：

(1) 公交车只能在间歇式公交专用道上行驶；

(2) 为了保证车辆行驶安全以及交通流稳定运行，不限制间歇式公交专用道上已有小汽车的换道行为；

(3) 根据路段上的实际交通状况，确定是否需要为公交车提前清空一段距离，保证公交车运行不受延误；

(4) 只有小汽车可以发生换道行为，其换道规则具有不对称性，即小汽车在公交车下游和清空时间内不允许换道至间歇式公交专用道，但是间歇式公交专用道上小汽车的换道行为不受限制；

(5) 在清空时间内，间歇式公交专用道的入口处不允许小汽车驶入，以免干扰公交车运行。

2. 间歇式公交专用道的工作原理

间歇式公交专用道通过嵌在车道分界线上的纵向路面 IBL 指示灯和可变信息标志(VMS)通知驾驶人 IBL 的工作状态，实时分配 IBL 路权。

在实际应用过程中，车流的运行规则主要依靠间歇式公交专用道与常规机动车道之间车道分界线上纵向布设的路面 IBL 指示灯(LED 阵列，间隔可设置为 3m 或 5m)来实现，如图 3-33 所示，图中黄色圆圈表示路面 IBL 指示灯。间歇式公交专用道(图中车道1)的工作状态将根据这些光信号改变。当公交车到达间歇式公交专用道入口时，对象路段(设置间歇式公交专用道的相邻交叉口之间的基本路段)上的路面指示灯全部亮起，提醒小汽车驾驶人此时间歇式公交专用道路权归公交车所有，常规机动车道上的小汽车不允许换道至间歇式公交专用道，而间歇式公交专用道上已有的小汽车可正常行驶，不强制其换道驶离间歇式公交专用道。由

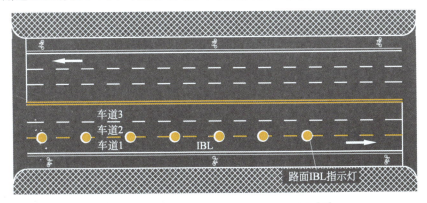

图 3-33 间歇式公交专用道(IBL)简化结构[16]

于公交车运行不受其上游小汽车(后方车辆)影响,因此,随着公交车向前行驶,后方的路面指示灯会依次熄灭,公交车上游的间歇式公交专用道对小汽车开放,变为常规机动车道。

除沿路面设置 IBL 指示灯信号外,在间歇式公交专用道的入口处以及路段中间位置设置带有"公共汽车"符号的可变信息标志(VMS),以辅助标识间歇式公交专用道工作状态,如图 3-37 所示。路面 IBL 指示灯和辅助可变信息标志一起工作,统一由控制器驱动,如果辅助可变信息标志亮起,则位于该信号之后的相应路面 IBL 指示灯亮起,指示该段间歇式公交专用道当前路权为公交车所有。这两种信号的使用可以使驾驶人更清楚地了解间歇式公交专用道当前工作状态。

但是,由于路段上实际交通状况复杂多变,IBL 车道在路面 IBL 指示灯亮起之前处于常规机动车道状态(开放式通行),社会车辆正在 IBL 车道上行驶,如果 IBL 车道上社会车辆过多,即将到来的公交车将遭受严重的延误。因此,有时需要提前开启路面指示灯,为公交车清空一段距离(清空 IBL 车道上的社会车辆),保证公交车运行不受社会车辆的延误。从路面指示灯开启到公交车进入间歇式公交专用道的时间(路面指示灯提前开启的时间)称为清空时间,用 t_{clear} 表示,清空时间内不允许小汽车换道至间歇式公交专用道或者从其入口驶入;等公交车到达间歇式公交专用道入口时,其下游会有一段距离无小汽车行驶,该距离称为清空距离,用 l_{clear} 表示。清空时间根据公交车期望运营速度 v^* 与间歇式公交专用道上小汽车实时的平均速度 $\bar{v}_{\text{car}}$ 来确定,具体确定方法如下:

1) 小汽车平均速度大于公交车期望运营速度

当小汽车平均速度 $\bar{v}_{\text{car}}$ 大于公交车期望运营速度 v^* 时,路段内交通状况较好,交通流密度较低,公交车会阻碍小汽车的运行,而基本不会受到小汽车的干扰。此时,等公交车到达间歇式公交专用道入口后开启路面指示灯即可,不需要提前开启,即当 $\bar{v}_{\text{car}} > v^*$ 时,$t_{\text{clear}} = 0$。

2) 小汽车平均速度小于公交车期望运营速度

当小汽车平均速度 $\bar{v}_{\text{car}}$ 小于公交车期望运营速度 v^* 时,路段内交通状况较差,出现交通堵塞现象,小汽车会严重影响公交车的运行,此时,需要在公交车到达间歇式公交专用道入口前提前开启路面指示灯,确保公交车可以按照期望运营速度通过对象路段而不受小汽车的阻碍,即当 $\bar{v}_{\text{car}} < v^*$ 时,$t_{\text{clear}} > 0$。

具体的清空时间 t_{clear} 主要与 IBL 上运行的小汽车密度有关,一般小汽车密度越大,路面 IBL 指示灯提前开启时间越早(t_{clear} 越大);小汽车密度越小,则路面 IBL 指示灯提前开启时间越晚(t_{clear} 越小);并且在非常低的小汽车密度条件下,路面 IBL 指示灯甚至不需要提前开启。具体的清空时间 t_{clear} 需要根据公交车期望运营速度 v^*、小汽车平均速度 $\bar{v}_{\text{car}}$、对象路段长度 L 以及公交车在站停靠时间来计算。

3. 间歇式公交专用道系统构成

间歇式公交专用道系统应具备以下功能：

(1) 系统能够实时检测路段上的车辆行驶状况，包括车速、交通流密度、流量、拥堵情况、交叉口车辆排队情况等；

(2) 系统能够实时检测公交车所在位置，并预测出公交车到达间歇式公交专用道入口的时间；

(3) 系统能够实时地根据检测得到的路段交通数据自动生成间歇式公交专用道控制策略，保证公交车具有优先通行权；

(4) 系统能够将制定的控制策略通过相关信号设施设备迅速传达给道路上的车辆驾驶人。

间歇式公交专用道系统结构如图 3-34 所示，主要由系统控制单元、信息发布界面、保障性控制单元等构成，需要许多要素和技术手段的支持。

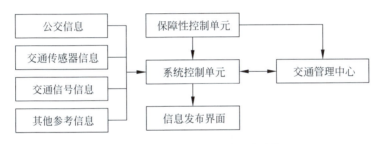

图 3-34　间歇式公交专用道系统结构图

1) 系统控制单元

系统控制单元可以迅速根据检测设备传送回系统的实时交通数据信息或者区域交通协调控制中心下达的指令，确定是否需要将间歇式公交专用道的路权交给公交车，禁止小汽车驶入，具有处理各种突发情况的能力。系统控制单元通过公交优先处理装置负责实时生成间歇式公交专用道的控制策略，并通过公交优先控制装置使用制定的控制策略对外显设备进行控制。系统控制单元所需的信息包括公交车相关信息(位置、速度)、交通传感器信息、交通信号信息以及其他参考信息。

(1) 公交车信息主要包括每辆公交车的编号、位置、速度、经纬度等数据信息。一般通过在公交车上安装 GPS 定位系统实时获取公交车的位置信息，检测公交车能否按照预测时间到达间歇式公交专用道入口，并通过公交车上的通信装置向交通控制中心或系统控制单元传递信息。

(2) 交通传感器信息是指交通管理部门通过在道路上安装交通传感器(如环形线圈、地磁、微波雷达等)获得路段交通状况的相关数据信息，包括小汽车的车速、交通流密度、流量、拥堵情况、交叉口车辆排队情况等,可以用来判断间歇式公交专用道上小汽车的平均速度与公交车期望运营速度的关系,从而确定路面指示灯提前开启的清空时间。

（3）交通信号信息是指设置间歇式公交专用道的对象路段两端交叉口的信号灯设置情况及其所处状态,它同样会影响公交车下游路段的清空时间,改变间歇式公交专用道的控制策略。

（4）其他参考信息主要指道路天气情况和公交车内乘客数等额外参考信息。

2）信息发布界面

信息发布界面是指将间歇式公交专用道的设置情况、系统控制单元制定的策略以及车道路权归属状态等相关信息告知道路使用者的可变信息标志（variable message signs,VMS）。可变信息标志可以有多种设置形式,例如：在间歇式公交专用道设置路段上游的路边设置警告标识,提醒车辆驾驶人前方路段设有间歇式公交专用道,如图3-35所示；在间歇式公交专用道设置路段的入口处以及中间位置设置悬挂式间歇式公交专用道状态指示标识,如图3-36所示,即表示此时间歇式公交专用道的路权归公交车所有,禁止小汽车从入口驶入该车道。

图3-35　里斯本间歇式公交专用道[9]

图3-36　里斯本悬挂式间歇式公交专用道入口指示标识[9]

3）保障性控制单元

保障性控制单元是保证系统控制单元制定的控制策略可以严格执行的辅助性子系统,可以督促路段上的车流遵守间歇式公交专用道的运行规则。保障性控制单元主要是通过在对象路段安装摄像头以及自动识别拍照装置等规范车辆行为。保障性控制单元不影响间歇式公交专用道系统的正常运行,只是起到完善、监督的作用,帮助系统规避间歇式公交专用道失效的风险。

间歇式公交专用道系统控制所需设备及其相互关系如图3-37所示[9-10]。

4. 控制流程

间歇式公交专用道系统的控制流程如图3-38所示[14],具体如下：

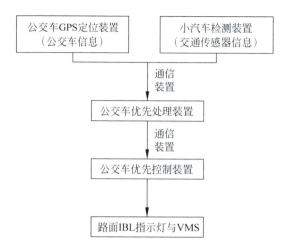

图 3-37　间歇式公交专用道系统控制所需设备及其相互关系[9-10]

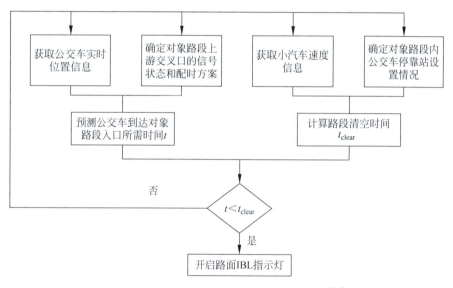

图 3-38　间歇式公交专用道系统控制流程图[14]

（1）检测公交车在当前时刻所在位置信息，确定对象路段上游交叉口的信号状态及其配时方案；

（2）预测公交车由当前位置到达间歇式公交专用道路段入口的时间 t；

（3）通过车辆检测装置获取小汽车的速度信息，确定对象路段是否设有公交车停靠站，确定路段清空时间 t_{clear}；

（4）当 $t \geqslant t_{clear}$ 时，回到第（1）步，重新按照控制流程采集相关信息；

（5）当 $t < t_{clear}$ 时，开启路面指示灯等可变信息标志；

（6）实时检测公交车所在位置信息，公交车进入间歇式公交专用道后，随着公交车向前行驶,关闭其上游路段的路面指示灯(注：t 和 t_{clear} 的计算方法参考文献[14])。

当公交车驶离间歇式公交专用道时,路面指示灯等可变信息标志全部关闭,一次公交优先控制结束,回到控制流程第(1)步,循环执行上述步骤,进行下一次公交优先控制。

3.6.4 特点分析

间歇式公交专用道的特点如下。

(1) 提高公交运营效率与道路空间利用率。

间歇式公交专用道(IBL)是可实现动态分时的公交专用车道,通过路权的实时分配,在满足公交优先的同时尽量避免小汽车行驶空间的减少,将剩余交通的损失降到最低,可以有效解决公交优先与道路资源浪费之间的矛盾,实现公交运营效率与道路空间利用率的双效提高,保障道路通行能力。

(2) 完善公共交通网络结构。

间歇式公交专用道有助于丰富公交优先的方式,完善公共交通网络结构,确保公共交通在多种交通方式中占据主导地位,对提高公交线路(特别是发车频率较低的公交线路)吸引力具有实用价值。

(3) 实践成本低。

间歇式公交专用道依靠与常规机动车道之间安装的路面 IBL 指示灯、可变信息标志及信号设施来实现公交车路权的实时切换,实践成本较低。

3.7 "插队车道"

3.7.1 基本概念

公交"插队车道"(queue jumping lane, QJL)是指在交叉口进口道处专门为公交车设置的只允许公交车在交通拥挤时插队通行的短距离公交专用车道,以提供公交优先权,即在交叉口某一进口车道距停止线一定距离处设置一定长度的仅允许公交车通行的车道,以将交叉口附近处的公交车和社会车辆从空间上分开,消除交叉口处混合交通车流排队对公交车的影响,缩短公交车行驶时间。

此外考虑到交叉口同一引道上公交车左右转向需求与其他社会车辆的冲突,QJL 出口端至交叉口停止线间可设置公交提前区,并协调交叉口主信号设置公交优先预信号,以便公交车首先获得绿灯,优先于社会车辆通过交叉口,同时确保社会车辆(非优先交通)顺利通行,可进一步降低交叉口处混合交通行车条件复杂对公交车高效通过交叉口的影响,保障公交优先权。

3.7.2 设置条件

QJL 的有效性受 QJL 车道有效长度、公交提前区的长度、信号控制、社会车辆等待时间、交叉口几何形状、公交车分担率、公交车发车频率、车流饱和度等关键因素影响。

1. QJL 选择

车流转向运动、是否有公交车站是 QJL 选择的关键因素。一般来说,路侧车道被指定为 QJL,以方便公交车进入公交车站为乘客服务;但是,在某些特殊情况下,QJL 也可以设置在路中车道。例如,如果左转公交车占比很大,或者右转社会车辆占比很大,并且在这两种情况下,交叉口上游端没有公交车站,则可在路中车道上设置 QJL。车道选择决策条件见表 3-6。

表 3-6 QJL 车道选择决策条件[18]

方 案	QJL 选择
交叉口进口处车流以**右转公交车**为主,且进口处附近有公交车站	路侧车道(最右侧车道)
交叉口进口处车流以**直行或右转公交车**为主,且进口处附近有公交车站	路侧车道
交叉口进口处车流以**直行公交车**为主,且进口处距离公交车站较远或无公交车站	路侧或路中车道
交叉口进口处车流以**左转公交车**为主,且进口处附近有公交车站	QJL 若选择路中车道,宜将公交车站移到远离路口处;否则,QJL 宜选择路侧车道
交叉口进口处车流以**左转公交车**为主,且进口处距离公交车站较远或无公交车站	路中车道

2. 社会车辆最长排队等待时间

社会车辆使用者排队等待时间不得超过允许的最长等待时间。允许的最长等待时间不能超过社会车辆使用者愿意为公交车提供优先而等待的最长时间。

3. QJL 和公交前进区的总长度

QJL 的长度应大于或等于交叉口同一引道中观察到的最大排队长度,以允许公交车畅通无阻地进入 QJL,确保上游端车流平稳移动。

QJL 和公交提前区的总长度必须小于特定路段(两交叉口之间路段)的可用长度。如果其所需长度几乎等于路段可用长度,则该路段不可提供 QJL,而应设置公交专用道。但是,若其所需长度超过可用道路长度,则无法提供 QJL,否则将导致排队溢出造成拥堵。

4. QJL 路段内应禁止路内停车

一般情况下 QJL 长度内需要禁止路内停车或重新规划停车位。

3.7.3 设置方法

1. 设置原理

公交"插队车道"(QJL)优先一般有 QJL 公交优先和 QJL+预信号优先两种形式。

1) QJL 公交优先

QJL 公交优先是指公交车和社会车辆同时受交叉口信号控制,QJL 只允许公交车插队通行,而不允许社会车辆驶入。QJL 的作用是提供公交优先车道,通过嵌入路面的螺栓灯(或交通锥等隔离设施)将其与常规机动车道分开,以此将公交车和社会车辆在空间分开。QJL 的位置将根据公交车行驶转向和公交车站位置具体交通情况而定,一般布置在路侧车道或路中车道。路侧 QJL 结构示意图见图 3-39。

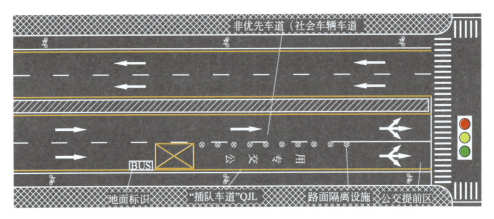

图 3-39　QJL 公交优先结构示意图(公交车和社会车辆同时受主信号的控制)[18]

2) QJL+预信号优先

QJL+预信号优先一般由 QJL、公交提前区、社会车辆预信号三部分组成。通过预信号控制社会车辆无法驶入公交提前区,而公交车不受预信号的控制,通过

QJL 依次驶入公交提前区受主信号控制。但对社会车辆来说会牺牲一部分主信号时间,从而降低通行能力。

公交提前区的作用是提供公交空间优先的同时方便公交车左右转向通行。公交提前区的长度应结合公交车站的位置和公交车流量设置,以方便公交车进出公交车站和乘客上下车。公交提前区作为公交优先措施的一部分,为公交车在主信号灯附近占据理想位置提供了空间位置,以最大限度地提高公交车通行能力,并减少与社会车辆的冲突。

社会车辆预信号作用是在公交空间优先的前提下,控制社会车辆从而提供公交时间优先,以最大化保障公交优先权,消除交叉口处混合交通特性的负面影响。即在同一个交叉口同一引道处,公交车只受主信号控制,社会车辆受预信号和主信号控制,预信号在每个信号周期内连续运行。公交优先预信号设置在 QJL 的出口端且在社会车辆车道处设置有预信号停止线,当预信号红灯时社会车辆在停止线处停车等待,控制社会车辆不得驶入公交提前区;而公交车只受主信号灯控制,当其他社会车辆保持受预信号控制停车状态时,公交车接收主信号灯绿色指示并根据行驶转向需要驶入公交提前区相应车道,从而使公交车在队列的最前面优先通过公交提前区顺利放行,随后社会车辆在剩余绿灯时间(主信号绿灯时间)内依次行驶通过交叉口。

QJL+预信号公交优先道路结构布局示意图见图 3-40。

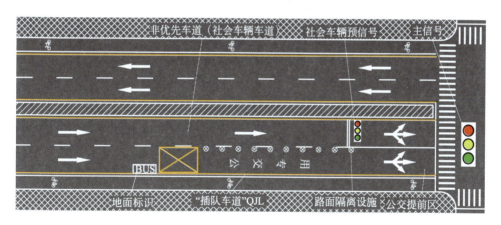

图 3-40　QJL+预信号公交优先结构示意图(社会车辆受预信号的控制)[18]

2. 具体方法应用

本节重点介绍印度加尔各答市(靠左行驶规则)QJL+预信号优先结构下路侧 QJL 和路中 QJL 两种形式的设置方法。

1) 路侧 QJL

此设计方案中公交车在车流中占的比例较高,约为 48%(含机动三轮车占比),高峰时段每小时有 110～120 辆公交车到达。公交车流主要是直行车辆,且路口附近有公交车站,公交车泊车需要进入路边公交车站,因此设置路侧 QJL。由于电动三轮车作为一种公共交通工具(平均服务 3 名以上乘客)也需要进入公交车站上下车,因此电动三轮车也允许使用 QJL。路侧 QJL 设置如图 3-41 所示。

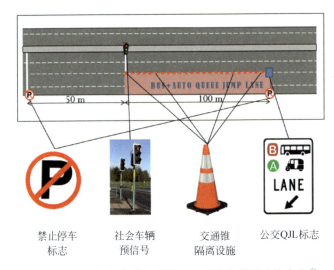

图 3-41 印度加尔各答市路侧 QJL 结构和基础设施布局[①]

QJL 公交提前区长度 50m,QJL 长度 100m,预信号周期与主信号周期相同(主信号周期 120s,直行绿灯 50s,右转绿灯 20s)。交通锥被用于将公交车通行权与非优先权交通(社会车辆)分开。社会车辆的预信号灯与交叉口的主信号灯的周期长度相同。但是,由于预信号灯位于交叉口引道停止线 50m 处,预信号绿灯时间在主信号灯绿灯时间开始前 10s 开启,以确保公交车辆顺利通过公交提前区,同时在预信号灯处等待的非优先车辆的停车次数不会增加。

为提醒驾驶人公交车和社会车辆"插队车道"使用原则,应在 QJL 入口处设置"公交插队车道"标志;同时为了保障非优先通行车辆在路边车道上畅通运行,应在 QJL 上游起始处和交叉口停止线处禁止路侧停车,以消除停车侵占道路资源。

图 3-42 所示为印度加尔各答市路侧 QJL 出入口点布局。

---

① 图片来源:BHATTACHARYYA K,MAITRA B,BOLTZE M. Implementation of Bus Priority with Queue Jump Lane and Pre-Signal at Urban Intersections with Mixed Traffic Operations:Lessons Learned?[J]. Transportation Research Record,2019,2673(3):646-657.

(a) (b)

图 3-42 印度加尔各答市路侧公交"插队车道"出入口点[①]

(a) 路侧"插队车道"入口点；(b) 路侧"插队车道"出口点

2) 路中 QJL

此设计方案中，在混合交通流中公交车占比较小，约为 5%，社会车辆（小汽车和机动二轮车）占比 95%。另外，右转公交车占公交车流量的比例为 64%，其余的为直行公交车，占比 36%，且公交车站距离路口较远。结合路口无近端公交车站，公交 QJL 设置在中央带车道更有利于右转车辆通行。路中 QJL 设置如图 3-43 所示。

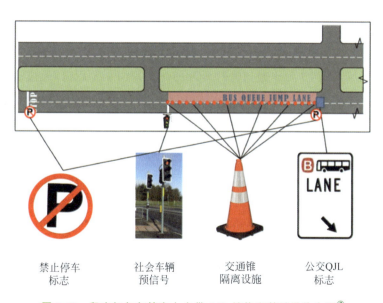

禁止停车标志　　社会车辆预信号　　交通锥隔离设施　　公交QJL标志

图 3-43 印度加尔各答市中央带 QJL 结构和基础设施布局[②]

---

①② 图片来源：KINJAL BHATTACHARYYA, BHARGAB MAITRA, MANFRED BOLTZE. Implementation of Bus Priority with Queue Jump Lane and Pre-Signal at Urban Intersections with Mixed Traffic Operations: Lessons Learned?. 2019, 2673(3): 646-657.

社会车辆的预信号灯与交叉口的主信号灯的周期长度相同（主信号灯周期120s,绿灯50s），但由于预信号灯位于交叉口引道停车线135m处，其绿灯启亮时间可相对主信号灯的绿灯启亮时间提前20s。

印度加尔各答市中央带公交"插入车道"出入口点布局见图3-44。

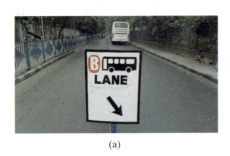 

(a) (b)

图3-44　印度加尔各答市中央带公交"插队车道"出入口点[①]

(a) 中央带"插队车道"入口点；(b) 中央带"插队车道"出口点

3. 设计流程

基于国内外研究现况，给出QJL设计流程中包含的八个步骤，每个步骤中所需的必要操作见图3-45。

3.7.4　特点分析

公交"插队车道"作为交通信号灯上游的一条短公交专用道，通过避免信号交叉口车辆的排队，使公交车能够以较短的延迟通过拥挤的区域。QJL还有利于公交车在交通信号灯下游合流。

(1) QJL与常规机动车道隔开，显著降低对社会车辆的负面交通影响，提高社会车辆的运行速度和效率。

(2) 公交车在QJL排成一纵队依次通过公交车站，可减少公交车在公交站的停留时间（减少约20%），提高公交车的运行效率。

(3) QJL公交优先对道路空间的要求显著降低，在道路资源有限的路况下，QJL保障公交优先权的同时还可节约道路资源。

(4) QJL公交优先的应用，仅限于公交车使用路侧车道，方便公交车路侧泊车，可消除其他交通车流的影响，显著提高乘客上下车的安全性。

(5) QJL将公交车和社会车辆分开，消除公交车与社会车辆的相互影响，车辆停车次数减少，尾气排放也相应减少，有利于环境保护。

[①] 图片来源：KINJAL BHATTACHARYYA, BHARGAB MAITRA, MANFRED BOLTZE. Implementation of Bus Priority with Queue Jump Lane and Pre-Signal at Urban Intersections with Mixed Traffic Operations: Lessons Learned?. 2019, 2673(3): 646-657.

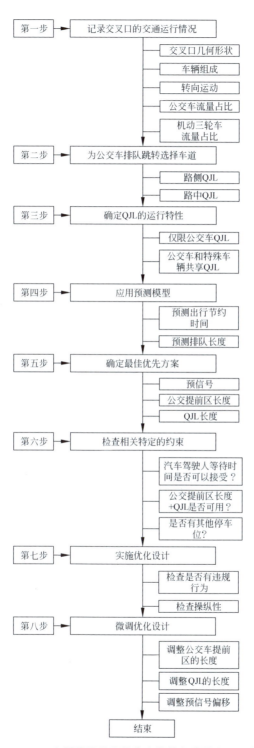

图 3-45　QJL＋预信号公交优先实施执行步骤和必要操作

第 4 章

时间优先措施

CHAPTER 4

4.1 时间优先概述

4.1.1 基本概念

时间优先措施是指在冲突的交通流中,为公交车辆所在的交通流提供时间上的优先通行权的措施。公交信号优先(transit signal priority, TSP)是时间优先措施的主要组成部分,即在实施交通信号控制的交叉口或路段,通过调整信号配时的方式,为公交车辆提供优先权。

1. 公交信号优先方式

交通信号优先按照优先的程度不同,分为**强制优先**(preemption)和**非强制优先**(priority)两种方式。强制优先指将正常的交通信号控制模式强制转换为优先车辆(包括火车、特种车辆等)提供服务的特殊模式,在保障路口车辆、行人交通安全的前提下,立即为被优先车辆提供服务。非强制优先(或称为优先级通行)指交叉口在同时出现不同类型交通流(通常指社会车辆和公交车辆)时,高优先级的交通流拥有相对优先通行权。本章仅讨论非强制优先的公交信号优先方式。

公交信号优先按照是否需要实时公交车辆到达的检测信息,分为**被动优先**和**主动优先**两类。被动优先是指预先设置好信号优先的配时,在预计公交车辆到达时为公交车辆提供优先通行,而无论公交车辆实际是否到达,都会按照优先配时进行控制。被动优先可以结合已有的交通控制策略,根据公交运营情况进行调整。

主动优先是在有公交车辆接近交叉口后,对信号配时进行调整的优先控制方式。从交叉口的渠化、通行设施等条件来看,主动优先可以分为绝对优先(无条件优先)和相对优先(条件优先)。无条件优先是指当公交车辆到达交叉口公交优先的服务范围时就为其提供优先通行服务;条件优先是指首先综合考虑路口服务水平,以及其他优先通行的车辆后,再决定是否为该车辆提供优先通行。注意无条件优先和强制优先有所不同,前者是基于一种信号控制规则的优先,可以以任意一种优先方式实现(如绿灯延长),而后者则是既有信号控制规则之上的"最高级别"的优先权。从主动优先的优先规则来看,主动优先又可以分为基于规则的优先、基于模型的自适应优先等方式。

2. 实施区域

考虑实施时间优先措施的区域主要有以下几个因素:
(1) 高强度开发的中心城区或城市重要干线;
(2) 交通条件相近的控制子区;
(3) 实施空间优先措施的路段。

3. 公交信号优先系统

图 4-1 所示为公交信号优先系统的基本组成要素及信息流传递情况。

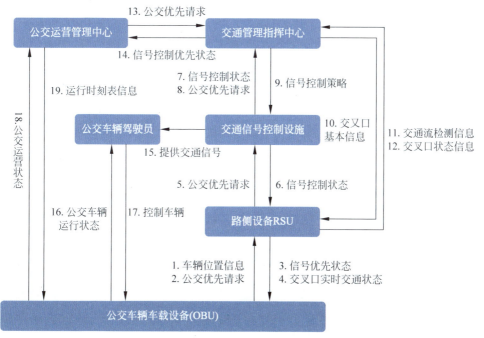

图 4-1　公交信号优先系统的基本组成及信息流传递

1) 公交车辆车载设备

公交车辆的车载设备（on-board unit，OBU）安装在公交车辆中，提供公交车辆必要的感知、计算、存储和通信功能。具体功能一般可包括：

（1）支持电子收费；

（2）收集载客人数和流量信息；

（3）支持车内视频、音频和车内事件的监控；

（4）为车内乘客提供实时的旅行信息，以及运行时刻表、换乘路线等信息；

（5）能和路侧设备、公交运营系统进行有效的通信沟通，提供车辆的位置、运营状态等信息。

2) 路侧设备

路侧设备（road-side unit，RSU）通常具有如下功能：

（1）具有数据存储和通信功能；

（2）用于向附近的车辆发送和接收信息；

（3）对具备联网功能或不具备联网功能的车辆，能够通过无线通信采集车辆的位置、速度等信息。

3) 交通信号控制设施

交通信号控制设施包括信号控制机、检测设备以及通信设施等。交通检测设备提供全方位各种环境下的交通信息采集功能，且具有交通事件监测、风险预警等功能。信号控制设施可以实现信号优先控制计划的配置、事件记录、控制效果的评价以及相应的报告生成，具备实现信号控制算法的能力。

4) 交通管理指挥中心

交通管理指挥中心包括交通设施管理系统、交通信号配时中心、交通信息平台、公安系统平台等。它具有监测和管理交通流的功能，负责监测道路状况、交通环境状况和交通设施状态，为各种交通事件和事故作出反应。

5) 公交运营管理中心

公交运营管理中心负责管理城市公共交通运输，并与其他运输服务进行协调。实现功能包括：

（1）为公交车队提供操作维护、客户信息；规划和管理公交运营；

（2）在公交信号优先系统中，与运营公交车辆建立联系，负责公交车辆的运营组织，提供车辆的运营状态和时刻表信息。

4.1.2 被动优先控制概述

被动优先控制所需的信息一般由交通调查数据给出，交通调查的内容既包括交叉口交通量的历史观测数据，也包括公交线路、车站分布、发车时刻表等公交运行系统信息。

1. 被动优先控制方式的特点

（1）不需要公交车辆的实时位置等状态信息；
（2）不需要公交车辆发出优先请求；
（3）不涉及优先级的分配；
（4）一般采用固定配时方法实现；
（5）考虑对公交车辆的整体需求。

2. 常用的被动优先策略

常用的被动优先策略如表4-1所示。

表4-1 常用的被动优先策略

策 略	说 明
调整信号配时	通过调整单个或协调的交叉口的信号配时参数使公交车辆受益，调整的内容包括优化周期长、绿信比等
调整交通流参数	通过调整信号配时中公交车辆对交通流参数（如等效交通流量系数）的影响，从而对已有信号控制方案进行调整
协调预测控制	通过干线协调控制为公交车辆提供协调优先，即根据公交车辆的运行速度等特征采取协调控制

4.1.3 主动优先控制概述

主动优先是针对可被观测到的公交优先请求的优先策略。实现主动优先控制需要的硬件设施有：①有效的信息采集手段；②车-路通信系统；③能够实现感应控制或自适应协调控制的信号控制系统。

1. 常用的主动优先策略

（1）绿灯延长；
（2）绿灯提前；
（3）插入相位；
（4）相位变化。

2. 主动优先控制的类型

1）基于规则的优先控制

这种优先控制通过判断系统状态（如是否有公交车辆到达、车辆是否延误等），根据预设的规则决定是否提供信号优先，分为无条件优先和有条件优先两种。

(1) **无条件优先**：当交叉口检测到进口有公交车辆到达（或接收到公交车辆的优先请求）时，为公交车辆提供信号优先。无条件优先方式一般采用"先到先服务"的原则处理多个公交车辆的优先请求。

(2) **有条件优先**：考虑到更多与系统状态相关的信息，从而更准确地满足公交车辆的优先需求。常用的优先条件有：

① 为晚点或延误较多的公交车辆提供优先；

② 载客率大的公交车辆拥有更高的优先级；

③ 当前公交车辆车头时距大于其后车的车头时距时提供优先；

④ 下游进口排队过长时不提供优先；

⑤ 当饱和度较高时，一个周期内只提供一次优先；

⑥ 其他相位的饱和度小于某个阈值（如0.7）时提供优先；

⑦ 相邻两次优先服务的间隔不能过短（以保证交叉口的相序稳定）。

2）基于模型的优先控制

这种优先控制预先设定一个或多个优化目标，进而通过实时自适应控制的方式调整交叉口的信号配时。常用的优先控制目标有：

(1) 最小化公交车辆总延误；

(2) 最小化公交车辆乘客平均延误；

(3) 最小化所有车辆的总延误；

(4) 最小化公交车辆停车次数，等等。

采用基于模型的优先控制方法，可以实现自适应优先（或实时优先）控制。自适应优先控制通过考虑车辆总延误、人均延误、公交车辆延误、交叉口排队长度等指标及其组合建议优化模型，以及考虑多公交优先请求竞争、公交时距关系及到达率分布、最大绿灯时间及最大红灯时间等条件建立约束机制，以实现更高精度和更有效的优先控制。

3. 主动优先控制类型对比

表4-2列出了上述两种主动优先类型的优缺点对比。

表4-2 基于规则的优先方法和基于模型的优先方法对比[2]

类型	优　　点	缺　　点
基于规则	(1) 简单有效； (2) 需要较少的基础设施； (3) 需要较少的通信； (4) 根据公交车辆是否晚点提供简单的优先	(1) 简单规则处理多个优先请求； (2) 很少考虑对社会交通的影响； (3) 只能给予定性的优先； (4) 在同样的进口道无视公交车辆顺序； (5) 一般不考虑相邻交叉口影响

续表

类型	优　　点	缺　　点
基于模型	(1) 具有车辆自动定位(automatic vehicle location，AVL)中心或城市交通信号控制(urban traffic control，UTC)中心的复杂系统； (2) 给予定量的优先； (3) 部分考虑对社会交通的影响； (4) 优化整个网络的配时方案	(1) 需要更多的数据和基础设施； (2) 需要更多通信； (3) 需要更多的时间给予优先； (4) 在同样的进口道无视公交车辆顺序

4.1.4　优先请求的触发

1. 公交优先请求所需的触发信息

(1) 公交车辆的实时位置；
(2) 同一相位或同一线路上相邻公交车辆的相对位置；
(3) 公交车辆的载客情况。

2. 公交优先请求的触发条件

1) 基于运行时刻表

基于预定的公交时刻表，根据公交运行是否超前决定是否产生公交优先请求。只有在公交线路的运行时刻表已知的前提下才能实现。

2) 基于车头时距

基于公交车辆是否维持一定的车头时距，根据相邻车辆到达交叉口的时间差决定是否产生公交优先请求。一般采用车外优先请求触发器触发。

4.2　被动优先方法

被动优先的基本方法通常包括调整信号配时，调整交通流参数，以及协调预测控制等。

4.2.1　调整信号配时

在已有交叉口信号配时的基础上优化交叉口信号周期、相位绿信比和相位相序设置、协调控制等方式，给予公交车辆更多的绿灯通过的概率。基于交叉口的交通流历史数据和公交运营数据，对交叉口已有信号配时进行优化。

1. 具体方法

1) 调整信号周期

一种方法是将信号周期调整为使得关键车道饱和度不超过预设的临界饱和度 x_p、交叉口信号配时的最小周期长：

$$C_{\min} = \frac{L}{1-Y} \tag{4-1}$$

式中，L——周期损失时间，s；

Y——交叉口流量比。

另一种方法是基于一定的公交车头时距调整周期长。即通过调整周期长，使得公交车辆的车头时距变为周期长 C 的整数倍。这是在交叉口的公交车辆车头时距 h_b 稳定的情况下，通过控制周期长实现公交车辆在交叉口的"绿波"。这种方法适用于公交线路的发车间隔一定、公交车站距离交叉口较近、交叉口位于首发站下游，或交叉口优先相位没有交通流干扰的情况。

当周期长确定时，可根据传统的单点信号控制方法进一步调整其他信号配时参数，完成被动优先的信号配时优化。

2) 调整绿信比

这种方法是在周期长不变的条件下，直接增加优先相位的绿信比，从而降低公交车辆的停车概率。

对于饱和度较低的交叉口，调整绿信比有利于绿灯资源向优先相位倾斜，提高交叉口的优先效益；而对于饱和度较高的交叉口，则不宜对绿信比进行过大的调整。

3) 调整相序与相位

具体可以通过三种方法实现：①为公交车辆所在流向分配额外的相位，同时缩短其他相位的绿信比；②不改变其他相位的绿信比，但为公交车辆所在流向提供额外的搭接相位，这种方法往往适用于设有进口公交专用道的交叉口；③当公交车辆所在相位含有多个流向时，将公交流向和非公交流向拆分为两个相位，然后应用前两种方法调整相位，或重新设计相位方案（如可以将单环相位方案改成双环，实现公交相位搭接）。相序与相位调整方式的案例如图 4-2 所示。

4) 相邻交叉口的协调控制

对于单点控制的交叉口，通过调整周期长和相位差的方式，实现其公交相位与相邻交叉口的协调，从而实现针对公交车辆的优化。

如果交叉口的公交相位具有与相邻交叉口较好的协调条件，如交叉口间距不大、无公交车站、连续交通流、周期长接近等，则可以使用此方法。

2. 优势和局限性

调整信号配时各种方法的优势和局限性列举如表 4-3 所示。

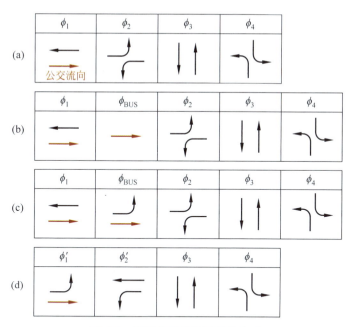

图 4-2 调整相序的被动优先方式
(a) 现有控制方案；(b) 方案一；(c) 方案二；(d) 方案三

表 4-3 调整信号配时方法的优势和局限性对比

类型	优势	局限性
调整周期长	(1) 减少公交车辆的期望等待时间； (2) 有利于未饱和交叉口的整体优化	(1) 可能导致额外的整体延误； (2) 无法实现相邻交叉口协调
调整绿信比	(1) 增加公交车辆绿灯通过的概率； (2) 提高主要道路的服务水平； (3) 便于进一步实现公交相位的协调	(1) 带来绿灯时间浪费,造成绿灯利用率低下； (2) 无法用于多个相位的优先
调整相序与相位	(1) 相位分配自由灵活,能够处理不同相位的优先； (2) 减少公交车辆期望等待时间； (3) 有利于提供时空优先措施(如进口公交专用道)	(1) 带来额外的相位切换损失； (2) 优化效果相比其他方案不明显； (3) 过于复杂的相位方案对驾驶员不友好
相邻交叉口协调	(1) 极大提高协调相位的服务水平； (2) 有利于区域协同组织优化	(1) 容易受到公交车站、路段支路等干扰； (2) 降低非协调相位的服务水平； (3) 可操作性相对较差

总体而言,调整信号配时方法的优势如下：
(1) 控制方法简单、可操作性强；
(2) 适用于绝大多数交叉口的信号机硬件设施；
(3) 可以结合其他信号配时优化项目共同实施；

（4）对于未饱和交叉口，可以在不显著降低整体控制性能的条件下为公交车辆提供优先。

调整信号配时方法的局限性如下：

（1）无法在设计阶段计算得到优化效果；

（2）优化结果多依赖经验，不一定能得到最优解；

（3）通常仅能考虑一个流向公交车辆的优先，无法处理不同流向的冲突。

3. 适用条件

调整信号配时方法适用于具有以下特点之一的交叉口：

（1）用于交叉口的单点信号控制优化，结合其他的交叉口优化措施同步进行；

（2）用于城市次干路或支路的交叉口，能够从单点信号配时的角度实行公交优先优化；

（3）高峰时段交通流量不大、高峰时期持续时间短的交叉口；

（4）现有信号配时下绿灯利用率较低的交叉口，可以通过调整信号配时的被动优先方法实现额外的公交优先目标。

调整信号配时的各种方法的适用条件具体见表4-4。

表4-4 调整信号配时方法的适用条件

类 型	适 用 条 件
调整周期长	（1）高峰时段仍未达到饱和的小型交叉口； （2）多于3条公交线路经过的交叉口，无法针对某个相位或某辆公交车采取优先措施； （3）不需要或不考虑相邻交叉口协调的孤立交叉口； （4）公交车辆到达随机性较强的交叉口，一般适用于缩小周期长；随机性较弱的交叉口，一般适用于调整使周期长的整数倍为车头时距
调整绿信比	（1）只有一个公交相位的交叉口，且其他交叉口需求量不大； （2）交通需求量的高峰小时系数大（不小于0.9），不易出现高峰时段交通需求突增，导致排队过长的现象； （3）交叉口的行人和非机动车流量不大； （4）与相邻交叉口协调的方法共同使用
调整相序与相位	（1）公交相位不是关键相位的情形； （2）实施（路中式、路侧式）进口公交专用道、间歇式公交专用道或预信号控制区域等时空优先措施的路段交叉口； （3）使用了较复杂的渠化设计，有必要设计相应相位方案的交叉口
相邻交叉口协调	（1）有较好的与相邻交叉口的协调条件，如相近的周期长、间距不大等； （2）交叉口附近的干扰较少，与协调交叉口之间没有公交车站； （3）公交运行线路沿协调方向的情形； （4）连续3个以上的相邻交叉口都需要实施被动公交优先策略，可以结合协调方法和其他方法共同实施

4.2.2 调整交通流参数

这种方法是指调整公交车辆在信号配时计算中的权重,从而在配时上为公交车辆给予更多的通行机会。因为公交车载客量要远大于社会车辆的载客量,因而这种方法能够有效减少交叉口的人均延误。

1. 具体方法

调整交通流参数的优化方法一般分为信号配时优化和等效交通量优化两种。

1) 信号配时优化

首先根据单点信号配时基本方法计算周期长等配时参数,然后进行绿信比优化。在绿信比优化的时候,首先需要保证交叉口各相位不出现过饱和。给定临界饱和度为 x_p,则相位 i 的最小分配绿灯时间为

$$g_{mi} = \frac{y_i C}{x_p} \geqslant g_{i,\min} \tag{4-2}$$

式中,g_{mi}——相位 i 的最小分配绿灯时间,s;

y_i——相位 i 的流量比;

$g_{i,\min}$——相位 i 的允许最小绿灯时间,s。

再计算本周期的富余绿灯时间,即保证交叉口饱和度不超过临界饱和度的条件下,本周期能够被用于绿灯延长的所有有效绿灯时间:

$$g_f = (C - L) - \sum_{i=1}^{n} g_{mi} \tag{4-3}$$

式中,g_f——交叉口周期富余绿灯时间,s;

n——交叉口总相位数。

仅当 $g_f > 0$ 时,存在富余绿灯时间为该交叉口提供被动优先,则相位 i 的分配绿灯时间为

$$g_{fi} = \frac{g_f \rho_i}{\sum_{i=1}^{n} \rho_i} \tag{4-4}$$

式中,g_{fi}——相位 i 的额外绿灯时间,s;

ρ_i——相位 i 关键车道的公交车流量与车道总流量之比。当某相位为非优先相位时,令 $\rho_i = 0$,即不为该相位分配额外的绿灯时间。

由此确定各相位的有效绿灯时间为

$$g_{ei} = g_{mi} + g_{fi} \tag{4-5}$$

进而确定各相位的显示绿灯时间,确定整体配时方案。

2) 等效交通量优化

将交叉口的交通量转换为等效交通量,其值与交叉口实际交通量、公交车辆数、

转向比和进口道有效车辆数有关。对于仅含有同一进口流向的相位,按式(4-6)计算[24]:

$$v_e = \frac{v + 0.5v_b + 0.6v_L}{n} \tag{4-6}$$

式中,v_e——等效交通量,pcu/h;

v——进口实际交通量,pcu/h;

v_b——公交车交通量,pcu/h;

v_L——左转车交通量,pcu/h;

n——流向的有效车道数。

对于含有多个进口流向的相位,取等效交通量较大的进口作为该相位的等效交通量。

计算等效交通量后,可按单点定时控制基本方法计算信号周期长、绿信比等信号配时参数。

2. 优势和局限性

调整交通流参数各种方法的优势和局限性如表 4-5 所示。

表 4-5 调整交通流参数方法的优势和局限性对比

类型	优势	局限性
信号配时优化	(1) 增加公交车辆绿灯通过的概率; (2) 相比简单调整绿信比,可以处理多个相位的优先; (3) 便于进一步实现公交相位协调	(1) 可能带来绿灯时间浪费,导致绿灯利用率低下; (2) 随着公交相位增加,优先的性能下降
等效交通量优化	(1) 基于总交通量分配绿灯时间,可用于精细化的控制; (2) 减少公交车辆的停车次数	(1) 不考虑相位的关键车道,可能导致过饱和溢流; (2) 并非人均延误最优的配时方案; (3) 无法实现相邻交叉口的协调

调整交通流参数方法的总体优势如下:

(1) 可以用于多个公交流向的被动优先方案;

(2) 计算方法简单,可操作性强;

(3) 基于公交车辆的交通需求提供优先。

其局限性如下:

(1) 扩展性低,无法实现相邻交叉口的协调;

(2) 无法结合公交运营数据提供相应的优先;

(3) 相比其他被动优先方案效果不明显。

3. 适用条件

调整交通流参数的方法通常适用于实施单点控制的交叉口。与信号配时优化相比,更适合不同时段交通需求变化较大的交叉口。

调整交通流参数一般适用于具有以下特点之一的交叉口:

(1) 公交流量较大、公交到达量稳定,整体交通到达分布均匀稳定;

(2) 存在多个公交相位,且都有提供被动优先的需求;

(3) 结合已有单点信号配时的分时段精细化优化,可以根据每个时段交通流需求的不同,分别考虑不同的被动优先配时方案;

(4) 与相邻交叉口的交通流关联小,受上下游公交车站影响小,这一条件保证了交叉口交通流的到达稳定。

调整交通流参数的两种方法的适用条件具体见表 4-6。

表 4-6 调整交通流参数方法的适用条件

类 型	适 用 条 件
信号配时优化	(1) 需要同时优化两个公交相位的交叉口,且其他相位需求量不大; (2) 交叉口的行人和非机动车流量不大; (3) 高峰时段仍未饱和的交叉口
等效交通量优化	(1) 短时交通需求(如 15min 交通量)已知的情形; (2) 交通到达随机性较弱的交叉口; (3) 同一进口各个车道的等效交通量相近; (4) 单边轮放或简单四相位交叉口

4.2.3 协调预测控制

这种方法是在干线协调控制的基础上,通过特别考虑公交车的效益,在保证原有协调控制效果的基础上给予公交车被动优先。

1. 具体方法

服务于公交优先的绿灯延长或绿灯提前应以不破坏绿波带为前提,以保证干线协调控制的效果。

首先按协调控制基本方法计算得到共同周期长 C_m、关键交叉口各相位时长 t_{EGm}、非关键交叉口协调相位与非协调相位时长 t_{EGn} 与 t_{EG}。之后根据交叉口间距、公交运行速度和公交站点设置条件,计算社会车辆与公交车辆在上下游交叉口之间的旅行时间,分别为 T_v、T_b(图 4-3)。

对于社会车辆干线协调下的最大绿波,可采用数解法或图解法求解。对于上游交叉口排队的公交车辆队列,可以根据其车头时距给予一定长度的绿波带宽

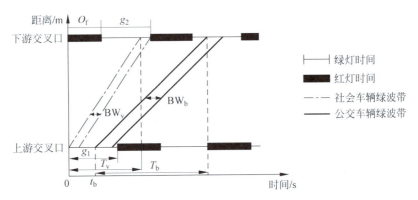

图 4-3 相邻交叉口的社会车辆与公交车辆协调控制（见文献[21]）

BW_b。在此基础上优化社会车辆的绿波带宽。对于相邻交叉口，可以基于表 4-7 中的条件建立优化模型。

表 4-7 协调预测控制的优化模型

模型组成	内 容
优化目标	最大化社会车辆的绿波带宽 BW_v
决策变量	相邻交叉口的相位差 O_f
约束条件	(1) 公交车辆的绿波带宽 BW_b 不小于指定的许可绿波带宽； (2) 相邻交叉口满足共同周期长 C_m，协调相位绿灯时间分别为 g_1、g_2； (3) 公交车辆与社会车辆在相邻交叉口的旅行时间分别为 T_b、T_v

2. 优势和局限性

协调预测控制方法的优势如下：

(1) 理论优化上限高，对绿波带内的公交车辆优先效果较好；

(2) 通过公交车队集结可以同时优化公交车辆运营速度和可靠性；

(3) 公交车流量较大时能够形成较好的绿波；

(4) 可以结合干线公交车速引导、进口公交专用道等时空优先优化方式共同实施，实际操作灵活。

协调预测控制方法的局限性如下：

(1) 模型复杂，受优化目标影响大，求解不便；

(2) 压缩社会车辆的绿波带宽，影响干线的整体通行能力；

(3) 带来额外的延误和停车次数；

(4) 仅优化单向绿波，无法实现可靠的双向绿波；

(5) 不具备对干线实际交通需求变化做出反应的能力。

3. 适用条件

基于协调预测的被动优先策略适用于公交线路多、公交流量大且在高峰时段内公交车辆到达稳定的城市主要干路。适用于此类优先方法的道路特点一般有：

(1) 公交流量相对较大且主要流向为单向；
(2) 无路段公交专用道，但设有路段或进口辅道；
(3) 公交车辆在相邻交叉口间的期望旅行时间一致；
(4) 设有路段检测器和公交车速引导系统的路段。

4.2.4 被动优先方法总结

表 4-8 所示为几种公交被动优先方法的特性对比。

表 4-8 被动优先方法对比

优先方法	主要优化参数	特 点	适 用 条 件
调整信号配时	(1) 优化周期长； (2) 优化绿信比； (3) 优化相位相序； (4) 实现公交协调	(1) 对已有配时方案进行灵活调整； (2) 同时优化交叉口配时； (3) 优化效果不可知	(1) 含有一个或多个优先相位的交叉口； (2) 饱和度与绿灯利用率不高的交叉口
调整交通流参数	(1) 优化绿信比； (2) 优化绿灯时间	(1) 调整信号配时的计算参数； (2) 优化效果为期望值	(1) 含有一个或多个优先相位的交叉口； (2) 与相邻交叉口关联性低的单点控制交叉口
协调预测控制	(1) 优化相位差； (2) 优化公交绿波带宽	(1) 对绿波带内公交车优先效果明显； (2) 最大化社会车辆与公交车辆的协调能力	(1) 公交车流量大且旅行时间稳定的干线； (2) 需要单向协调的干线

1. 被动优先方法的优势

(1) 控制方法简单，对检测器和联网需求要求不高，在硬件设施上容易实现；
(2) 配置方便灵活，控制算法易于理解和实时调整；
(3) 可以应用于干线协调控制，实现公交车辆的绿波控制；
(4) 能够考虑公交车辆的整体优先需求，在控制期望上进行优化；
(5) 在公交线路较多、公交行驶时间、线路和载客量比较稳定的情况下，能够取得较好的优先效果。

2. 被动优先方法的局限性

(1) 公交车辆的到达时间、载客量等不稳定因素可能导致相反的控制效果；

（2）无法反映公交车辆的实时情况，实际上当公交车辆到达一个交叉口时，需要的是合适的通行时刻和可靠的运行时间，而不是更长的绿灯时间或更大的绿信比；

（3）被动优先是将通行权和道路资源从整体交通流向公交车辆进行转移，对社会车辆的通行效率会产生影响；

（4）对于饱和度较高的交叉口，其本身信号配时调整的空间较小，为公交车辆提供优先会加剧交叉口的控制压力，可能导致拥堵甚至排队溢流的发生。

3. 被动优先方法的适用条件

被动优先方法主要通过固定信号配时来实现。由于对交通流检测器、信号控制机和实时公交信息要求不高，被动优先方法一般适用于已建成交叉口的信号配时改善和优化，而不适用于新建交叉口或城市开发区域。

一般来说，被动优先方法对于公交流量大且波动性不大的未饱和交叉口适应性较好。这类交叉口的公交需求一般集中在 1~2 个相位。采用被动优先方法，能够在期望上为公交车带来一定的控制性能提升，且不会导致极端恶劣的交通拥堵现象发生。

被动优先方法多用于采用单点信号配时的孤立交叉口，而在一些交通主干路和实行协调控制的关键交叉口，也有必要通过被动优先方法提升公交车辆的整体服务水平。

在采取被动优先方法时，也需要考虑行人和非机动车的需求，尤其是在行人和交通流量较大的交叉口。在流量较大的协调控制的交通干线上采用被动优先方法时，需要同时考虑社会车辆的效益。这些都需要在相应的信号配时设计、优化中予以体现。

考虑到公交车辆的到达模式、交叉口之间的关联性和可用信息，被动优先方法的具体实施可以考虑单点信号配时优化、相位相序优化或干线协调优化。但被动优先方法并不是解决一个交叉口公交优先问题的"长久之计"，作为一种信号优化方法，同样需要结合空间优先方法（如公交专用道、交叉口渠化优化、BRT 系统等）因时因地制宜。

4.3 主动优先方法

主动优先控制的基本流程如图 4-4 所示。首先，由一个专用的**公交到达数据库**（图中虚线框部分）以一定时间间隔收集、保存、预测和更新公交车辆的到达信息。同时，基于单点感应控制的方法，在感应控制的绿灯延长阶段（图中"公交相位检测"阶段）检测公交车辆是否到达并预测其到达停止线的时间，如果公交车辆到达停止线的时间满足预设的优先条件，则信号控制执行主动优先。

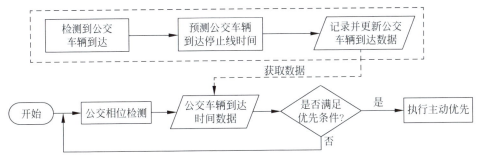

图 4-4 单点公交主动优先基本方法

公交车辆主动优先控制的基础条件：

（1）使用公交车辆专用检测器，包括"检入"检测器和"检出"检测器。其功能由进口上下游布设的公交检测器或其他车路协同路侧设备实现，以获取公交车辆的实时位置和速度等状态信息。

（2）应保证检测的全样性和准确性。每辆接近交叉口的车辆都能被检测到，并且可以通过预测模型，正确地预测每辆公交车到达交叉口的时间。

（3）应尽量减少公交车辆在进口受到的交通流影响，一般可采用空间优先措施（如公交专用道）将公交车与其他交通流隔离。

（4）对于多个公交车辆同时到达的情形，优先考虑当前相位到达的公交车辆的优先请求，然后依次优先考虑对应相位绿灯启亮最早的公交车辆的优先请求，从而转化为单公交优先请求、单相位主动优先控制的情形。

4.3.1 绿灯延长

基于感应控制的基本原理，在基本绿灯时间的最后一个单位绿灯延长时间内（但未到达当前相位的最大绿灯时间），当检测到公交车辆接近交叉口时，则进行绿灯时间的单位延长。

1. 绿灯延长策略关键参数

绿灯延长策略的关键参数有相位基础绿灯时间、相位最大绿灯时间、绿灯延长时间等。

1) 相位基础绿灯时间

首先根据单点感应控制方法，确定满足行人安全过街以及驾驶人期望的最小绿灯时间 $G_{i,\min}$，进而确定相位基础绿灯时间，公式为

$$G_i = \max(G_{i,\min}, g_i) \tag{4-7}$$

式中，G_i——相位 i 基础绿灯时间，s；

$G_{i,\min}$——相位 i 的最小绿灯时间，s；

g_i——相位 i 现有配时方案的显示绿灯时间，s。

2) 相位最大绿灯时间

与单点感应控制的绿灯延长不同,公交主动优先的绿灯延长方法中,相位的最大绿灯时间计时器应从相位绿灯显示时开始计时,而不是从冲突流向检测到车辆到达后开始。

首先计算一个周期内的可利用绿灯时间:

$$g_{ym} = \frac{x_p(C-L)}{Y} - C \tag{4-8}$$

式中,g_{ym}——周期可利用绿灯时间,s;

x_p——交叉口的饱和度限值;

C——周期长,s;

L——周期损失时间,s;

Y——交叉口流量比。

周期可利用绿灯时间[20]是在保证交叉口不过饱和的条件下,一个周期内能够被用于主动优先绿灯延长的所有额外绿灯时间。在当前周期内,每执行一次绿灯延长,需要记录已经被使用的绿灯延长时间,并从周期可用绿灯时间中减去相应的时间。

相位 i 的最大绿灯时间为

$$G_{i,\max} = G_i + \max(g_s, 0.5g_{ym}) \tag{4-9}$$

式中,$G_{i,\max}$——相位 i 最大绿灯时间,s;

g_s——剩余可使用的绿灯时间,s,为周期可利用绿灯时间 g_{ym} 减去本周期内所有已经被执行的绿灯延长时间之和。

3) 绿灯延长时间

对于任意一个公交优先请求,其绿灯延长时间取决于当前时刻与公交车理论到达时刻的差值,再加上一个感应控制的单位绿灯延长时间,即

$$G_{ej} = (t_{est} - t_c) + G_o \tag{4-10}$$

式中,G_{ej}——给予公交车的绿灯延长时间,s;

t_{est}——公交车理论到达停止线的时刻,s;

t_c——当前时刻,s;

G_o——单位绿灯延长时间,s,按感应控制方法计算或相关方法取值。

4) 控制策略

基于单点感应控制基本方法,在当前相位绿灯的最后一个单位绿灯延长时间 G_o 阶段(图4-4中"公交相位检测"阶段),从公交车辆到达数据库中获取公交车辆到达数据。如果存在公交车辆到达,按式(4-10)计算相应的绿灯延长时间 G_{ej} 后,若未到达相位最大绿灯时间 $G_{i,\max}$,则满足优先条件,执行绿灯延长。

相位执行了绿灯延长后,应记录本周期已经被延长的绿灯时间,在下一周期的同一相位中将其减去(不小于最小绿灯时间 $G_{i,\min}$+5,仍有剩余的延长绿灯时间应在之后的周期中予以削减)。

2. 优势和局限性

绿灯延长方法的优势如下：

（1）优先效率较高，能够极大地降低特定公交车辆的延误；

（2）公交相位饱和度较高时，不会造成饱和交通流的截断；

（3）不会造成额外的启动损失时间；

（4）能够处理多个相位的多个公交车辆的优先。

绿灯延长方法的局限性如下：

（1）当前相位饱和度较低时，会导致绿灯利用率低；

（2）可能导致其他相位过饱和；

（3）可能使周期长增加，降低交叉口整体通行能力；

（4）当公交车辆随机到达时，不一定能够发挥作用。

3. 适用条件

绿灯延长方法可以应用于实行单点定时信号控制的大部分交叉口，也可以用于实行协调控制的城市主要干路。为了得到较好的优先效果，同时不影响交叉口的整体效益，宜用于具有以下特点之一的交叉口情形：

（1）公交车辆到达检测器与交叉口进口之间设有（路段或进口）公交专用道、BRT 专用道、间歇式公交专用道、公交优先区域等空间优先设施；

（2）整个交叉口的公交车辆到达频率在 1～3 个信号周期之间；

（3）具备优良的车路协同和检测技术条件，公交车辆到达时间估计准确；

（4）控制时段内的饱和度不大于 0.75；

（5）次要道路左转汇入主要道路的交叉口，左转方向为公交流向；

（6）实施了协调预测控制方法（见 4.2.3 节）中的协调相位；

（7）实施单向或双向干线协调控制的协调相位。

具有以下特点之一的交叉口不宜实施绿灯延长策略：

（1）公交车辆到达量极大，整个交叉口的公交车辆到达频率不大于 2min，且公交车辆到达的相位分布均匀，但不设有空间优先设施；

（2）控制时段交叉口饱和度大于 0.8，或公交车辆所在相位饱和度大于 0.9；

（3）已经实施了被动优先策略中的调整信号配时方法（见 4.2.1 节）；

（4）进口数量不小于 5，或进口斜交夹角小于 75°或大于 105°，或采用特殊渠化设计的其他非常规交叉口；

（5）实施干线协调控制的非协调相位；

（6）主-主干路交叉口。

4.3.2 绿灯提前

绿灯提前方法涉及两个相位的绿灯时间变化：**优先相位**（公交车辆到达所在

的相位)和**被压缩相位**(当前相位)。当检测到优先相位存在公交车辆到达时,若当前相位到达最小绿灯时间,且当前相位没有公交车辆到达,则减少本相位的绿灯显示,使优先相位绿灯提前放行。

1. **具体方法**

绿灯提前策略的参数有:相位临界绿灯时间、压缩绿灯时间。

1)相位临界绿灯时间

首先根据感应控制方法确定相位 i 的最小绿灯时间 $G_{i,\min}$。

然后计算临界绿灯时间:

$$G_{1i} = \max\left(G_{i,\min}, \frac{v_i C}{s_i}\right) \tag{4-11}$$

式中,G_{1i}——相位 i 的临界绿灯时间,s;

C——周期长,s;

v_i——相位 i 的周期平均到达率,pcu/s;

s_i——相位 i 的饱和流率,pcu/s。

相位临界绿灯时间是保证相位在当前周期内不过饱和所需要的最小绿灯时间。在执行绿灯压缩时,需要保证当前相位的有效绿灯时间不小于临界绿灯时间。

2)压缩绿灯时间

压缩绿灯时间即被压缩相位当前周期 k 实际显示的总绿灯时间。

相位的绿灯时间被压缩时,需要记录该相位本周期实际最终显示的绿灯时间,记为 $g_{i,k}$,其中 k 为周期编号。

压缩绿灯时间的确定分为以下两种情形:

(1)当前相位 i 上一周期实际显示的绿灯时间 $g_{i,k-1}$ 大于配时方案的绿灯时间 g_i,表明上一周期执行了绿灯延长,本周期的压缩绿灯时间为

$$g_{i,k} = G_{1i} \tag{4-12}$$

(2)当前相位 i 上一周期实际显示的绿灯时间 $g_{i,k-1}$ 小于配时方案的绿灯时间 g_i,表明上一周期执行了绿灯压缩,本周期的压缩绿灯时间为

$$g_{i,k} = G_{1i} + 0.5(g_{i,k-1} - g_i) \tag{4-13}$$

3)控制策略

当前相位绿灯阶段,若冲突相位检测到公交车辆到达,则根据式(4-11)~式(4-13)计算当前相位的压缩绿灯时间,作为当前相位的实际显示绿灯时间。在绿灯提前方法中,无论下一相位是否为公交相位,都可以对当前相位执行绿灯压缩,使公交车辆能够得到一定的提前通行。

绿灯提前可以和绿灯延长共同使用。即当前相位如果已经被执行绿灯压缩,但在绿灯显示的最后一个阶段检测到当前相位有公交车辆到达,则优先为本相位提供绿灯延长。如果当前相位在执行绿灯延长时检测到冲突相位的公交到达,则

不再执行绿灯压缩。

图 4-5 对比了绿灯延长和绿灯提前方法的执行过程。二者的共同点是当公交车辆到达时,都对当前相位的绿灯时间进行相应调整。区别在于绿灯延长方法中公交相位当前为绿灯相位,绿灯提前方法中公交相位当前为红灯相位。

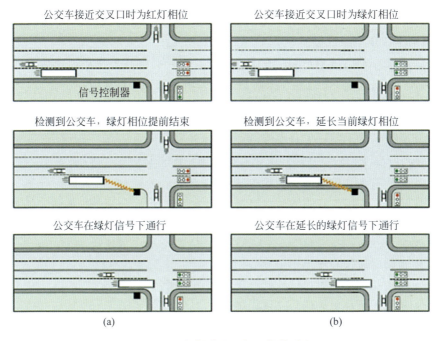

图 4-5　绿灯提前和绿灯延长的对比
(a) 绿灯提前(绿灯压缩);(b) 绿灯延长

2. 优势和局限性

绿灯提前方法的优势如下:
(1) 绿灯时间调整灵活,有助于提高交叉口整体的绿灯利用率;
(2) 对交叉口整体控制效果影响较小;
(3) 相比绿灯延长方法,触发频率更高;
(4) 良好的绿灯提前不会对协调控制产生明显的影响。

绿灯提前方法的局限性如下:
(1) 被压缩相位流量较大时,可能导致排队长度过长或溢出;
(2) 优先相位流量较小时,可能导致额外的绿灯空放;
(3) 同时涉及两个相位的调整,不利于相邻交叉口的协调;
(4) 相比绿灯延长方法,优先带来的性能提升不明显。

3. 适用条件

一般来说,绿灯提前方法也适用于大部分绿灯延长策略适用的条件。与绿灯延长不同,绿灯提前方法需要同时进行两个相位的绿灯调整,且在公交车辆随机到达时触发频率更高,因而在其具体实现上需要采取一定的限制措施(如有条件优先、触发次数限制、仅考虑部分相位的优先等)。总体而言,具有以下特点之一的交叉口情形更适用于绿灯提前方法:

(1) 公交车辆整体到达频率在 1~3 个信号周期之间,公交车辆到达的分布集中在交叉口的主要流向上,或在不影响主要交通流的协调带宽时,可以为公交到达流向提供绿灯提前;

(2) 控制时段的饱和度较低(不大于 0.6),或当前方案下绿灯利用率较低;

(3) 具备良好的检测条件,能够实时判断各进口排队长度、延误等指标并具有预警功能,以保证实施绿灯提前方法时不出现排队过长或排队溢出;

(4) 采用有条件优先的公交优先策略;

(5) 已经实施绿灯延长方法或具备实施条件的,可以与绿灯提前同时实施。

具有下列特点之一的交叉口情形不宜使用绿灯提前方法:

(1) 公交车辆到达量极大,非主要流向有大量公交车辆到达;

(2) 控制时段饱和度不小于 0.8;

(3) 实施相邻交叉口协调控制或干线协调控制;

(4) 采用无条件优先的公交优先策略;

(5) 已经实施被动优先方法的交叉口。

4.3.3 插入相位

这种方法为:当检测到公交车辆到达,但本相位和下一相位均不允许到达的公交车放行时,则在本相位结束后,插入一个公交车所在流向的专用相位绿灯时间。

1. 具体方法

插入相位方法一般分为两种情形:当前周期已执行过该相位后的插入相位、还未执行该相位时的插入相位。

1) 已执行相位的插入

计算插入相位的最小绿灯时间:

$$G_{B,\min} = g_{est} + 3 \tag{4-14}$$

式中,$G_{B,\min}$——插入相位 B 的最小绿灯时间,s;

g_{est}——公交车辆理论通过停止线时间,s,若其处于排队状态,则 $g_{est} = q_B/s_B$。

其中,q_B 为公交车辆所在排队位置,pcu;s_B 为插入相位的饱和流率,pcu/s。

2) 未执行相位的插入

首先按式(4-14)计算插入相位的最小绿灯时间 $G_{B,\min}$。

然后计算后续正式执行此相位时的显示绿灯时间：

$$g'_i = \max(G_{i,\min}, g_i - G_{B,\min})\qquad(4\text{-}15)$$

式中，g'_i——相位 i 的实际显示绿灯时间，s；

g_i——相位 i 现有配时方案的显示绿灯时间，s。

3）控制策略

当前相位为绿灯时检测到冲突流向有公交车辆到达，且下一相位不是公交相位时，则在当前相位结束后插入一个公交相位，并根据式(4-14)确定插入相位的最小绿灯时间，将其作为绿灯显示时间。如果公交相位在本周期内未执行，那么在插入相位结束后、该相位正式执行时，应按式(4-15)重新确定该相位的绿灯显示时间。

在交叉口切换至插入相位前宜设置全红时间。

插入相位方法和绿灯延长、绿灯提前方法共同使用：①可以在插入的相位中使用绿灯延长，确保公交车辆能够通过；②当前相位检测到冲突流向的公交车到达时，可以先为当前相位执行绿灯压缩，绿灯结束后再执行插入相位，进一步减少公交车等待时间；③多个公交车辆到达时，如有本相位或下一相位到达的公交车辆，优先采用绿灯延长或绿灯提前方法，为所在相位最早的公交车辆提供服务。

2. 优势和局限性

插入相位方法的优势如下：

（1）对于公交车辆队列的优先效率较高；

（2）不影响其他相位原有的相位顺序；

（3）结合公交专用相位能够使效率最大化；

（4）对于总交通流量较大的流向，插入相位可以提高其整体通行效率。

插入相位方法的局限性如下：

（1）会带来额外的损失时间，降低交叉口通行能力；

（2）在待转区等特殊渠化下，可能会影响交叉口的控制相序，进而带来安全问题；

（3）插入相位的绿灯利用率较低；

（4）改变相邻交叉口的相位差，影响协调控制效果。

3. 适用条件

插入相位方法适合应用于具有以下特点之一的交叉口情形：

（1）设有进口公交专用道、BRT 专用车道，或公交专用相位的交叉口使用插入相位方法，且在结合时空优先措施时效果最佳；

（2）控制时段的整体交通量较小，饱和度不大于 0.6，流量比不大于 0.45 的单点信号控制交叉口；

（3）公交车辆的到达集中在 1～2 个主要相位；

（4）距离公交相位的上游交叉口或公交车站较近，公交车辆成队列到达；

（5）交叉口的信号相位方案为 3 相位或 4 相位，不含有相位搭接；

（6）次-次干路或次-支路交叉口，且公交相位所在进口车道数不小于 3；

（7）行人和机动车过街流量不大；

（8）宜与绿灯延长方法配合使用。

具有下列特点之一的交叉口情形不宜使用插入相位方法：

（1）采用搭接相位、双环相位设计，相位数不小于 5，或设有行人及非机动车专用相位的交叉口；

（2）控制时段内各相位的交通流到达极不均匀，或高峰小时系数（peak hour factor，PHF）不大于 0.8 的交叉口；

（3）控制时段的交通量较大，饱和度不小于 0.7 的交叉口；

（4）采用相邻交叉口协调或干线协调控制；

（5）交叉口检测器条件不支持排队长度检测或公交车辆实时排队位置检测。

4.3.4 相序变化

这种方法为：当检测到公交车辆到达，但本相位和下一相位均不允许到达的公交车辆放行时，通过改变相序使公交车辆所在相位优先放行，从而降低公交车辆的等待时间。

相序变化一般分为**相位旋转**和**相位跳跃**方法，如图 4-6 所示。

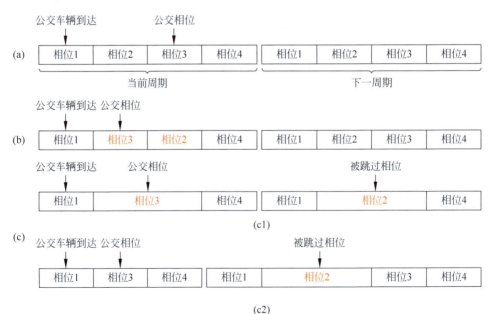

图 4-6 相位变化控制策略对比

(a) 现有相位方案；(b) 相位旋转；(c) 包括分图(c1)和(c2)，相位跳跃

1. 具体方法

1）相位旋转

当前相位为绿灯时检测到冲突流向有公交车辆到达,且下一相位不是公交相位时,则下一相位执行公交相位。之后继续执行原本的相位顺序,但跳过下一次公交相位(无论是否属于同一周期),如图 4-6(b)所示。

2）相位跳跃

当前相位为绿灯时检测到冲突流向有公交车辆到达,且下一相位不是公交相位时,则直接跳过下一相位,之后继续执行原本的相位顺序,如图 4-6(c)所示。

执行相位跳跃后,需要重新确定当前周期后续相位以及被跳过相位在下一周期的有效绿灯时间。通常可以采用以下两种方案:

(1) 如图 4-6(c1)所示,在当前周期中,将被跳过的相位 2 的有效绿灯时间、黄灯时间以及全红时间全部增加到公交相位 3 的有效绿灯时间中,从而维持当前周期的周期长不变。紧接着在下一周期,若公交相位 3 没有检测到公交车到达,则采取同样的方法跳过相位 3,并增加相位 2 的有效绿灯时间;若检测到公交车到达,则维持原本的相位方案和配时方案。

(2) 如图 4-6(c2)所示,执行当前周期的相位跳跃后,维持后续相位 3、4 原本的有效绿灯时间,并将当前周期被跳过的相位 2 的有效绿灯时间、黄灯时间以及全红时间增加到下一周期相位 2 的有效绿灯时间中,从而保持当前周期和下一周期的总周期长不变。

2. 优势和局限性

相序变化各种方法的优势和局限性如表 4-9 所示。

表 4-9 相位变化方法优势和局限性对比

类型	优 势	局 限 性
相位旋转	(1) 不改变已有配时方案的周期长; (2) 优先效率较高,可以处理多个相位后的优先; (3) 不会产生额外的控制损失时间; (4) 对公交队列的优先效果显著	(1) 可能导致公交相位绿灯空放; (2) 后续相位都有公交车辆到达时无法发挥作用; (3) 每个周期最多触发一次; (4) 频繁改变相序,不利于行人信号控制,可能带来安全隐患
相位跳跃	(1) 减小相位切换损失时间,提高整体通行效率; (2) 能够结合绿灯延长等方法,保证公交车辆通过; (3) 对公交队列的优先效果显著	(1) 改变个别相位顺序,在协调中会破坏已有的绿波带; (2) 一般只能跳过一个相位; (3) 每两个周期只能触发一次; (4) 导致被跳过相位延误增加

相序变化方法的整体优势如下：
(1) 在特定交通条件下，合适的相序变化能够大幅度提高公交通行效率；
(2) 相序灵活、自由，对交通流变化的适应性强；
(3) 在为公交车辆提供优先的同时，对社会车辆的延误影响较小。

相序变化方法的局限性如下：
(1) 频繁的相序变化可能影响驾驶人的判断；
(2) 改变交叉口的正常相序，影响协调控制效果；
(3) 交叉口饱和度较大、到达交通流较大时，可能降低通行效率，导致交叉口拥堵或排队溢出。

3. 适用条件

总体而言，相序变化方法适用于具有以下特点之一的交叉口情形：
(1) 公交车辆到达频率低、载客率高，成队到达，有较高的优先必要；
(2) 控制时段为平峰时段，交通量较小，流量比不大于 0.6；
(3) 交叉口具备感应控制条件，信号控制机具有自由调整相位功能；
(4) 采用基于方案选择式的交通信号控制系统；
(5) 适用插入相位方法的条件时，可与插入相位方法共同使用；
(6) 行人和非机动车的过街流量不大。

具有以下特点之一的交叉口情形不宜使用相序变化方法：
(1) 公交车辆到达频率较高，且存在多个公交相位；
(2) 采用相邻交叉口协调或干线协调控制的交叉口；
(3) 含有左直、左右共用车道，或设有可变车道的交叉口；
(4) 行人和非机动车流量较大的交叉口；
(5) 控制时段的交通量较大，饱和度不小于 0.7 的交叉口；
(6) 相位方案采用许可型左转的交叉口。

相序变化各种方法的适用条件如表 4-10 所示。

表 4-10 相序变化方法的适用条件

类型	适 用 条 件
相位旋转	(1) 采用四相位设计的次-次干路或支-支路交叉口，各相位交通量无显著差异的均衡交叉口； (2) 公交所在流向为左转的情形； (3) 距离公交相位的上游交叉口或公交车站较近，公交车辆成队列到达
相位跳跃	(1) 整体交通量极小，饱和度不大于 0.4，且公交车辆比例较高； (2) 可在单点感应控制方案中使用； (3) 结合绿灯延长或绿灯提前方法同时使用； (4) 现有信号控制方案绿灯利用率较低

4.3.5　主动优先方法总结

表 4-11 总结了几种公交主动优先方法的特性对比。

表 4-11　主动优先方法对比

优先方法	主要特点	主要适用条件
绿灯延长	(1) 对绿灯到达的公交车提供优先； (2) 相序不变，改变当前相位绿信比； (3) 优先效率最高	(1) 中饱和度（小于 0.75）的交叉口； (2) 干线协调控制或公交优先协调控制中的协调相位； (3) 实施主动优先时，优先选择此方法
绿灯提前	(1) 对红灯到达的公交车提供优先； (2) 相序不变，改变当前相位绿信比； (3) 优先效率一般	(1) 中低饱和度（不大于 0.6）的交叉口； (2) 绿灯利用率及相位均衡度均较低； (3) 实施有条件公交优先
插入相位	(1) 对公交专用相位提供优先； (2) 增加相位数与周期长； (3) 优先效率较高	(1) 中低饱和度（不大于 0.6）的交叉口； (2) 公交车辆到达集中在 1~2 个主要流向； (3) 含有公交专用相位和未指定流向的公交专用道的交叉口
相位旋转	(1) 对后续某一相位公交车提供优先； (2) 调整相序，周期长不变； (3) 优先效率较高	(1) 较低饱和度（不大于 0.6）的交叉口； (2) 公交车辆成队列到达的交叉口； (3) 采用标准四相位的交叉口
相位跳跃	(1) 对后续所有相位公交车提供优先； (2) 减少相位数； (3) 优先效率一般	(1) 低饱和度（不大于 0.4）的交叉口； (2) 绿灯利用率较低的交叉口； (3) 采用单点感应控制的控制时段

1. 主动优先方法的优势

（1）具备对实时公交到达以及交通流变化的响应能力，能够为某一辆或一个队列的公交车辆提供必要而可靠的优先；

（2）结合实时公交信息和"检出"机制能够确保公交车辆的优先通行；

（3）相对于被动优先方法，主动优先方法效果显著，特别是在公交载客率较高、公交流量适中的情形下，主动优先能够极大降低人均延误；

（4）可扩展性强，可以基于不同的控制目标和交叉口条件调整相应参数，从而针对性地实现最佳优先控制性能，可应用于有条件优先；

（5）几种主动优先方法可以组合使用，以满足不同情形下的公交优先需求，同时主动优先方法可以与空间优先措施、时空优先措施共同使用。

2. 主动优先方法的局限性

（1）控制方法相对复杂、不易实现，对车载设备、路侧检测条件和通信系统要求较高，需要在具有感应控制功能的信号控制系统中实施；

(2) 在干线协调控制中,可能对社会车辆的绿波带产生较大影响,且优先效果也会有所下降;

(3) 一般在同一时间只能处理一个相位的公交优先请求,对于多个相位的同时到达,需要根据其优先级进行取舍;

(4) 对于饱和度较大的交叉口优先效果不佳,且提供不合适的主动优先可能导致非优先相位的过饱和,甚至严重的交通拥堵或排队溢流;

(5) 在未设有空间优先措施的交叉口,主动优先方法的优先效果会打折扣,可能还会为行人或非机动车带来安全隐患。

3. 主动优先方法的适用条件

主动优先方法的设计和实现需要充分考虑交叉口路权的分配,以及公交车辆的运行措施和实时状态。优良可靠的交通流检测器、实时公交检测系统、通信系统、边缘计算硬件以及自适应信号控制系统是支撑主动优先方法的必要条件。因而,主动控制方法的使用应当考虑基础设施、信号控制系统、整体交通及公交运行状态、相应的技术设备条件等因素,基于明确的公交优先的战略定位、需求及目标,最终确定合适的主动优先策略。

实现主动优先方法的**必须条件**:①公交优先请求机制;②公交检出机制。**可选条件**:①公交多步检入机制;②公交优先请求竞争机制;③公交动态优先级机制;④交叉口弹性配时与最大绿灯、最大红灯时间约束机制;⑤交叉口信号补偿机制;⑥公交运行状态实时评估机制,等等。只有满足两个必须条件的交叉口才能够实现主动优先。同时,具备满足这些条件的硬件基础的交叉口,途经的公交线路多、公交需求大、载客率高,有实施公交时间优先方法的必要的,应采用主动优先方法。

主动优先方法一般用于公交车辆到达随机性、波动性较强的交叉口。这类交叉口的公交需求可以均匀分布于多个相位,但当集中在 1~2 个相位时,公交车辆成队列到达的概率更大,主动优先方法的控制效果也更好。

主动优先方法的实施应当首先保证交叉口不过饱和、不出现严重拥堵和排队溢流;其次,考虑在给定的延误、停车次数以及排队长度的容许条件下,为公交车辆提供有效的优先。因而主动优先方法主要应用于中低饱和度的交叉口,在整体交通需求过大的高峰时段,则不应采用主动优先方法。

主动优先方法主要应用于单点信号控制交叉口。在协调控制交叉口中,应最大限度减小对协调方向交通流的影响,在保证绿波带宽的前提下实施主动优先方法。在大流量干线协调控制和区域协调控制中,宜采用基于模型的主动优先控制和公交运行性能实时评估和反馈优化机制。

第 5 章

预信号控制措施

CHAPTER 5

5.1 公交进口道预信号控制基本原理

国内外关于在城市信号交叉口进口道处设置预信号的研究主要有两个方面:一是信号交叉口处的左转社会车辆,二是基于预信号控制实现的公交优先。

基于预信号控制的公交优先具体实现方式为:在城市信号交叉口进口道处前后不同的位置设置两条停止线,即主停止线和预停止线。在交叉口进口道处设置预信号的停止线是为了通过预信号的运行控制想要驶入候驶区域的社会车辆。当预信号运行红灯放行相位时,对于即将进入的社会车辆则必须在设置预信号处的停止线后排队候驶,即将驶入交叉口的公交车则快速进入候驶区停靠等待,这样可以保证红灯期间到达道路交叉口的公交车辆均能在社会车辆前排队,绿灯时公交车优先通过道路交叉口,减少公交车的延误,增强公交系统吸引力[45]。其布局图如图 5-1 所示。

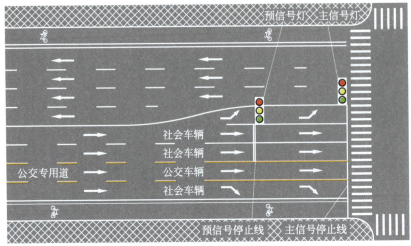

图 5-1　预信号控制公交优先布局图

5.2　基于预信号的公交优先进口道布局形式

通过在信号交叉口进口道处设置预信号能够有效地实现公交优先通行,但是如果交叉口进口道处的布局形式设计不合理的话,不仅严重影响其他方向交通流的通行,同时也会导致混乱的交通堵塞情况。因此,设计合理的进口道布局形式对于预信号的公交优先控制的实现是非常必要的。

根据"公交候驶区域"内各类车辆利用的车道数量,交叉口进口道的布局形式可以分为以下两种类型。

1. 全部锯齿形公交优先进口道

在进口道处同相位控制的同流向进口车道全部都设置前后两条停止线和预信号。当预信号处于显示红灯时间段内,这个流向所有行驶的社会车辆必须排队等待在预信号控制的停止线后,而即将行驶汇入交叉口的公交车辆则可以通过公交专用道驶入公交候驶区,使公交车辆能够提前进入交叉口并在社会车辆的前方行驶,停车后排队等候在主信号控制的停止线后面。

在此类型下,当信号交叉口某一进口方向采用预信号设计时,该进口方向全部车道将受到预信号的控制,两条停止线(预信号停止线与主信号停止线)之间的全部车道作为"公交候驶区",在预信号控制下,公交车辆、直行社会车辆、左转社会车辆依次进入公交候驶区进而在下一个绿灯期间通过交叉口。其布局形式如图 5-2 所示。

2. 部分锯齿形公交优先进口道

部分锯齿形公交优先进口道的布局形式是在该相位的直行车道的部分进口道处设置预信号。当预信号处于显示红灯时间段内,该流向一部分行驶的社会车辆

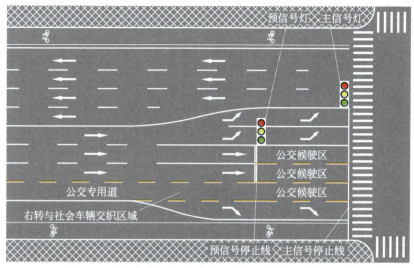

图 5-2　全部锯齿形公交优先进口道直行预信号示意图

到达预信号控制位置后需要排队等待在预信号的停止线后面,而另一部分行驶的社会车辆能够同到达的公交车辆一起行驶进入候驶区域,停止后排队等候在主信号控制的停止线后面。

在此类型下,信号交叉口与全部锯齿形公交优先进口道采用同样的预信号设计,但该进口方向部分车道受预信号控制,两条停止线(预信号停止线与主信号停止线)之间的部分车道作为"公交候驶区",在预信号控制下,公交车辆、直行社会车辆依次进入公交候驶区通过交叉口。不受预信号控制的该进口方向的其他社会车辆车道只受主信号及主信号停止线控制,依据主信号放行规则独立通行。其布局形式如图 5-3 所示。

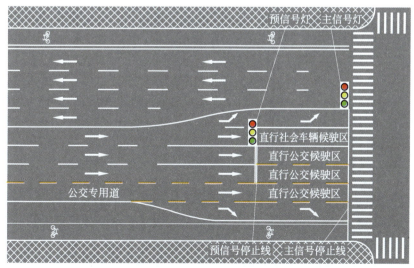

图 5-3　部分锯齿形公交优先进口道直行预信号示意图

5.3 预信号控制方法的优缺点

在交叉口采取双停止线和预信号公交优先措施有以下优点：

（1）若交叉口设置了公交专用进口道，则设置预信号控制能有效地使到达的公交车辆优先快速地通过交叉口区域，减少公交车辆的延误、交叉口的人均延误及油耗等指标，提高公交服务质量和运行效率，实现公交优先；

（2）可以让各类车辆充分利用其他车道，同时也可以减少因公交优先而增加的社会车辆的延误，提高交叉口通行能力。

如果盲目设置预信号或预信号设置不当，也会造成一些负面影响：

（1）并不是所有交叉口都需设置且能设置预信号，预信号设置需要满足道路几何条件、交通量条件、信号配时条件等，理论研究较复杂，实际工程运用较难实现。

（2）一般情况下，根据驾驶员心理和驾驶经验，他们会选择避开交叉口最内侧车道，但是当交叉口设置预信号时，只有当最内侧进口道已无停靠空间时才停靠次内侧进口道，以此类推。此时车辆在进口道变道较多，相比一般交叉口出现交通事故的风险更大。

（3）当交叉口设置预信号时，主信号红灯期间待行区内所有车道被占用，当左转交通量较大时，会出现与相邻出口道车道数不匹配的现象，导致左转车辆在交叉口内滞留，进而影响交叉口的通行能力。

5.4 预信号公交优先控制的目标和原则

如果城市道路交叉口设有公交专用道，对于普通的公交车辆通过设置预信号控制的交叉口，能够实现公交车辆优先通过交叉口，有效地减少公交车辆的延误、公交乘客的人均延误，增强公交车辆的吸引力。但在实际应用过程中，社会车辆的延误与车辆启动加减速、车辆到达情况等因素有关。在城市信号交叉口处设置预信号的主要目的是为了充分高效地利用交叉口时间资源和道路空间资源，实现公交优先，尽量不增加由于公交优先引起的社会车辆的延误，缓解城市的交通压力。

在现实情况下实际交叉口的交通流较为复杂，影响及干扰交通流通行的因素多样，因此公交预信号控制需要满足下述规则：

1）公交优先原则

若交叉口进口道设置了公交专用道，预信号控制期间，须保证公交车通过公交专用道进入待行区，在主信号灯启亮时优先通过交叉口，体现公交优先原则。

2）延误最小原则

设置预信号控制最主要的目的是为了能够确保公交车辆可以快速及时地顺利

通过信号控制交叉口,在减少公交车延误的同时,尽量减少对社会车辆的影响,降低交叉口的人均延误。

3) 节约道路资源原则

要能够有效地使用交叉口进口道处现有"时空"资源,同时能够尽量避免因工程建设对其他车辆造成的干扰。

4) 交通安全原则

任何形式的交通信号控制都需要确保所有交通参与者在交叉口行驶的安全性。

5.5 车辆停靠规则

当交叉口的主信号处于红灯时段时,最先进入候驶区域的车辆须停止在候驶区域靠内侧的进口道处,一直到此进口道没有可以利用的道路空间时再依次停止在候驶区域内其他相邻的进口道;若外侧的道路空间进口道也被充分利用,那么后续到达的车辆就不可以进入候驶区域。这样可以使得候驶区域空间资源不被浪费。

目前由于没有考虑车辆在变道时需要占用的道路空间资源,大多数研究认为预信号停止线是水平设置的。根据交叉口处的候驶区内车辆的停车规则可以得知,当车辆进入候驶区域的时候,首先需要换道进入最内侧的车道或其相邻车道,然后直行减速后排队停车等待,在该行驶过程中存在转弯半径,因此为了充分利用候驶区,右侧车道处设置成错位式停止线,如图5-4所示。

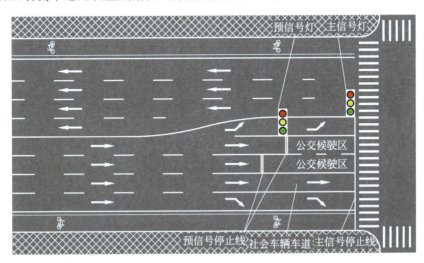

图 5-4 错位式预信号停止线示意图

预信号红灯则需要在主信号变红之前先启亮,目的是为了确保主、预信号停止线间的道路空间能够保持空闲状态,使得即将到达交叉口的公交车辆能够在主信号公交车绿灯放行相位时被立刻放行。当信号交叉口没有公交车辆时,预信号绿灯则需要在主信号绿灯启亮之前先行启亮,目的是为了减少不必要的社会车辆延误。预信号的运行应确保不会影响到主信号的运行效率。

5.6 公交候驶区长度

在高峰时段,城市交叉口的交通流量大,候驶区长度需要满足排队候驶需求。主、预信号停止线之间的距离与预信号控制的直行方向进口道车辆数量、公交车辆停车的安全距离、高峰时段公交车辆到达交叉口的到达率、直行方向上主信号的红灯时间,以及单个公交车辆的车身长度有关,计算方法如下:

$$L = \frac{Q^{\max} k_{直} r_{直} (l + l_{安})}{n} \tag{5-1}$$

式中,L——主、预信号停止线之间的距离,即进口道处的候驶区长度,m;

$Q^{\max}$——高峰小时公交车到达率,辆/h;

$r_{直}$——直行方向上主信号红灯时长,s;

l——单个公交车的长度,m;

$l_{安}$——公交车停靠安全间距,m;

n——直行方向设置预信号控制的进口车道数量,条;

$k_{直}$——直行方向到达公交车占整个路段到达公交车的比例。

5.7 预信号的设置条件

公交预信号优先控制的设置需要有相应条件的支持,需要综合地考虑满足设置预信号的交通条件,根据交叉口几何形式、上下游交叉口之间的道路路段长度、交通流量的大小、信号控制的配时等因素考虑不同的控制方式。

5.7.1 道路几何条件

在城市信号交叉口进口道处设置预信号需要满足以下三个渠化条件:

(1) 在城市信号交叉口能够设置供左转车辆行驶的专用左转车道,信号控制不同的放行相位时可以确保左转交通流安全行驶。

(2) 在城市信号交叉口能够设置供公交车辆行驶的公交专用道,可以确保公交车辆优先的同时不会对社会车辆产生不必要的影响。

(3) 当城市信号交叉口需要设置预信号时,应保证交叉口处的进口道存在不少于2条同向直行车道,这样是为了降低因为在进口道处设置预信号而对社会车辆产生的干扰。当交通流量比较大时,若信号交叉口处的渠化车道数不大于4条,此刻如果在进口道处设置预信号,通常可能会导致其他转向车辆的额外延误,进而造成整个交叉口通行能力的降低。

5.7.2 信号配时条件

对设有预信号控制的交叉口,其信号配时需满足设置预信号的进口方向上至少应具备两个信号相位,即直行相位与左转相位分开设置。这是为了确保有专用的左转相位,保证左转车流的顺利运行。

5.7.3 交通流量条件

在城市交叉口进口道处设置预信号时需要满足以下交通流量条件[44]:

(1) 该进口方向到达的公交车辆的车流量占到总交通流量的 20% 以上,同时需要考虑公交车辆到达率和社会车辆到达率之间的关系。

假设在交叉口进口道处共有 N 个进口车道,N_a 是公交专用道的车道数,N_b 是社会车辆的车道数,Q_a 是公交车辆到达率,Q_b 是社会车辆到达率,该流向上总的车辆到达率是 Q,则有

$$N = N_a + N_b \tag{5-2}$$

$$Q = Q_a + Q_b \tag{5-3}$$

同时同一方向上社会车辆的饱和度大于公交车辆的饱和度,则有

$$\frac{Q_a}{N_a} \leqslant \frac{Q}{N} \leqslant \frac{Q_b}{N_b} \tag{5-4}$$

(2) 当交叉口接近饱和状态时,由于交通流量较大,设置预信号后车辆会重新分配交通需求,不仅会引发交通冲突,还会改变原有的车道饱和度,可能出现过饱和状态,进而影响交叉口的通行能力。

5.7.4 路段长度条件

路段长度是预信号设置的一个关键因素:为减少交叉口内社会车辆对公交车辆进入候驶区时造成的干扰,保证上下游交叉口间社会车辆的正常通行,须保证上下游交叉口间的路段长度不小于主信号红灯期间车辆的排队长度。

一般情况下,路段上最大排队长度不超过相邻交叉口路段间距,否则会出现车辆溢出现象。当下游交叉口设置预信号控制时,为满足高峰期间车辆的最大排队需求,且为了保证从上游交叉口驶出的车辆在遭遇来自下游交叉口的交通冲突时能够安全停车,避免交通冲突导致交叉口运行瘫痪,上、下游交叉口间的路段长度至少应满足车辆的最大排队长度和下游功能区的长度之和。

第 6 章

公交优先性能评价

CHAPTER 6

6.1 基本评价要求

6.1.1 评价对象和范围

公交优先组织管控的性能评价对象包括实施公交优先组织管控措施的城市道路、道路网、路段、交叉口,以及城市公交运行线路。

城市道路的公交优先性能评价,应包括城市快速路、主干路、次干路和支路,城市交叉口包括上述城市道路的交叉口。城市道路网应包括道路网内所有实施公交优先组织管控措施的路段和交叉口。

公交运行线路的公交优先性能评价,应包括整个公交运行线路所经过的城市道路、路段以及交叉口(无论是否实施公交优先组织管控措施)。对于公交运行线路,若其动态交通数据不具备覆盖全部路段或交叉口的条件,可视具体情况降低动态交通数据的覆盖范围,最少不低于路段总里程的 60% 和交叉口总数的 50%。但是,对于实施了公交优先组织管控的路段或交叉口,其动态交通数据应具备覆盖全部路段里程和交叉口的条件。

公交运行线路的划分,一般选取某一条公交线路单一方向的全程,即从首发站到终点站,以及途经的所有路段和交叉口。对

于以下几种情况,可将公交线路划分为多个部分,并分别进行公交优先性能评价:

(1) 公交线路里程较长(≥15km)或途经不同的行政区;

(2) 公交线路途经不同等级的城市道路,如从支路到快速路;

(3) 公交线路途经不同土地利用类型或人口密度差异过大的区域,如从城市中央商务区到低密度居住区;

(4) 公交线路中的某一区段集中采用了公交优先组织管控措施。

划分后的公交运行线路应连续,且其动态交通数据也应满足上述覆盖条件。

6.1.2 数据采集

公交优先组织管控性能评价的基础数据包括交通流状态信息、静态交通运营信息、动态交通运营信息,以及其他信息。

各项基础数据应满足第2章交通调查的相关要求。

6.1.3 公交优先性能评价指标体系

公交优先组织管控的性能评价指标体系如图6-1所示。

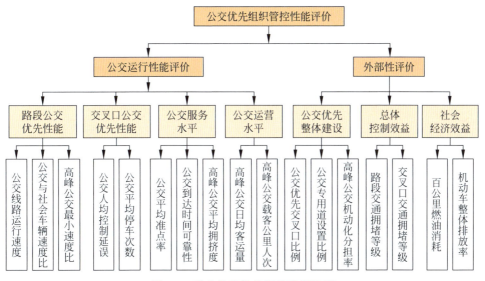

图 6-1 公交优先性能评价指标体系

公交优先性能评价包括公交运行性能评价和外部性评价两大类目标,具体细分为7个二级评价目标和17个基本评价指标。各评价指标根据其优化目标,分为极大型和极小型指标,如表6-1所示。

表 6-1　公交优先性能各级评价指标

一级目标	二级目标	基本评价指标	指标类型
公交运行性能评价	路段公交优先性能	公交线路运行速度	极大型
		公交与社会车辆速度比	极大型
		高峰时段公交最小速度比	极大型
	交叉口公交优先性能	公交人均控制延误	极小型
		公交平均停车次数	极小型
	公交服务水平	公交平均准点率	极大型
		公交到站间隔波动性	极小型
		高峰时段公交平均拥挤度	极小型
	公交运营水平	高峰时段公交日均客运量	极大型
		高峰时段公交载客公里人次	极大型
外部性评价	公交优先整体建设水平	公交优先交叉口比例	极大型
		公交专用道设置比例	极大型
		高峰时段公交机动化分担率	极大型
	整体交通效益	路段交通拥堵等级	极小型
		交叉口交通拥堵等级	极小型
	社会经济效益	百公里燃油消耗	极小型
		机动车整体排放率	极小型

6.2　公交运行性能评价

6.2.1　路段公交优先性能评价

路段公交优先性能的评价指标，包括公交线路运行速度、公交与社会车辆速度比、高峰时段公交最小速度比。

1. 公交线路运行速度

指标定义：统计时段期间，公交车辆在评价区域内实际运营的平均车速。计算方法如下：

$$v_{bus} = \frac{\sum_i v_{bus,i}}{N_{bus}} \tag{6-1}$$

$$v_{bus,i} = \frac{L_{bus}}{T_i} \tag{6-2}$$

式中，v_{bus}——公交线路运行速度，km/h；

$v_{bus,i}$——第 i 班次公交车的运行速度，km/h；

L_{bus}——公交车在评价区域内的实际运营里程，km；

T_i——第 i 班次公交车的线路运行时间,不包括公交停站时间①,h;
N_{bus}——公交车班次总数,veh。

上述计算方法中,公交线路班次的运营里程 L_{bus}、班次运行时间 T_i 和班次总数 N_{bus} 由城市公交运营部门提供,一般以车载定位数据为准。统计时段应选取评价区域内有该线路公交车运营的时间段,一般选择早晚高峰时段或实施公交优先措施的时段。

2. 公交与社会车辆速度比

指标定义:统计时段期间,评价区域内的公交线路运行速度和社会车辆平均运行速度之比。计算方法如下:

$$\gamma = \frac{v_{bus}}{v_{car}} \tag{6-3}$$

$$v_{car} = \frac{N_{car}}{\sum \dfrac{1}{v_{car,i}}} \tag{6-4}$$

式中,γ——公交与社会车辆速度比;

v_{bus}——公交线路运行速度,km/h,按式(6-1)计算,并考虑评价区域内所有途经的公交线路;

v_{car}——社会车辆平均运行速度②,km/h;

N_{car}——评价区域内社会车辆的采样总数,veh;

$v_{car,i}$——第 i 辆社会车辆的采样速度,km/h。可由定位系统或区域交通流检测器得到瞬时速度,也可由区间检入-检出检测器得到区间速度。对于后者,可按下式计算:

$$v_{car,i} = \frac{L_{car,i}}{t_{car,i}} \tag{6-5}$$

式中,$L_{car,i}$——第 i 辆社会车辆的检测里程,km;

$t_{car,i}$——第 i 辆社会车辆的旅行时间,h。

上述计算中,社会车辆平均速度的统计应在评价区域内随机采样,采样率不宜低于 10%。公交与社会车辆速度比指标的统计时段应选取评价区域内有公交线路运营的时间段,一般选取早晚高峰时段或实施公交优先措施的时段,且统计时段的长度不宜大于 2h。

3. 高峰时段公交最小速度比

指标定义:高峰时段内公交线路途经的各路段的公交与社会车辆速度比的最

---

① 受检测数据条件影响,可能不具备此数据,此时也可以采用包括公交停站时间在内的线路运行时间。
② 此处社会车辆平均速度是空间平均速度,即考虑所有车辆行程时间平均值所对应的速度。

小值。计算方法如下：

$$\gamma_{\min} = \min\{\gamma_{l_1}, \gamma_{l_2}, \cdots, \gamma_{l_n}\} \tag{6-6}$$

式中：$\gamma_{\min}$——高峰时段公交最小速度比；

γ_i——评价区域内高峰时段第 i 条路段的公交与社会车辆速度比，其中 $i = l_1, l_2, \cdots, l_n$；

l_n——评价区域内的路段数。

上述计算中，各路段的公交与社会车辆速度比 γ_i 按式(6-3)计算，其中选取的线路为 l_i 对应的实际路段，选取的统计时段长度建议不大于 1h。在计算此指标前，首先需要对评价区域进行路段划分。路段的划分宜根据实际道路的设计条件和公交优先组织管控措施的实施条件，如将道路宽度、车道数等条件相近的部分，以及全程实施公交专用道的部分划为同一个路段。

6.2.2 交叉口公交优先性能评价

交叉口公交优先性能的评价指标，包括交叉口公交人均控制延误、交叉口公交平均停车次数。

1. 交叉口公交人均控制延误

指标定义：统计时段期间，实施公交优先组织管控的交叉口所有流向的公交人均控制延误。计算方法如下：

$$D_{\text{bus}} = \frac{\sum_m (\rho_i \times D_{\text{bus},i})}{\sum_i \rho_i} \tag{6-7}$$

式中，D_{bus}——交叉口的公交人均控制延误，s；

ρ_i——第 i 辆公交车的载客量，人；

$D_{\text{bus},i}$——第 i 辆公交车的延误，s。

上述计算中，交叉口的渠化设计、流向划分等信息由交通管理部门提供。公交车的载客量 ρ_i 和交叉口延误 $D_{\text{bus},i}$ 由城市公交运营部门提供，一般从公交车收费终端得到载客量，由车载定位系统提供到达和离开交叉口的时间，进而计算控制延误。此外，宜结合路侧检测设备和车路通信设备对获取的公交车辆的控制延误进行校准。

2. 交叉口公交平均停车次数

指标定义：统计时段期间，信号控制交叉口各流向公交停车次数的平均值。计算方法如下：

$$S_{\text{bus}} = \frac{\sum_m S_{\text{bus},m}}{n} \tag{6-8}$$

式中，S_{bus}——交叉口的公交车平均停车次数；

$S_{bus,m}$——第 m 个流向的公交车总停车次数；

n——交叉口的流向总数。

上述计算中，交叉口的渠化设计、流向划分等信息由交通管理部门提供；公交车的停车次数 $S_{bus,m}$ 由城市公交运营部门提供，此外宜结合路侧检测设备和车路通信设备对获取的停车次数进行校准。

6.2.3 公交服务水平评价

公交服务水平评价指标，包括公交平均准点率、公交到达时间可靠性、高峰时段公交平均拥挤度。

1. 公交平均准点率

指标定义：统计时段期间，公交车准点率的平均值。计算方法如下：

$$\delta_{bus} = \frac{\sum_i N_{punc,i}}{\sum_i N_{stop,i}} \tag{6-9}$$

式中，δ_{bus}——公交平均准点率；

$N_{punc,i}$——第 i 班次公交车准点到达的车站数，包括首站、中间站和末站准点；

$N_{stop,i}$——第 i 班次公交车途经的车站数，包括首站和末站。

公交车的准点到站包括以下两种情形：①首站准点是指实际首站发车时间比计划发车时间晚 2min 以内，不允许提前发车；②中间站和末站准点是指到达该车站的时间比计划时间早 2min 以内或晚 5min 以内。

对于没有安排各站到达时刻表的公交班次，仅考虑首站和末站准点。

上述计算中，各站公交车的准点数 $N_{punc,i}$ 由城市公交运营部门提供。统计时段应选取评价区域内有公交线路运营的时间段，一般选取早晚高峰时段或实施公交优先措施的时段，且不宜小于 1h。

2. 公交到站间隔波动性

指标定义：统计时段期间，反映公交到达各车站时间间隔波动性的统计量。指标数值越小，表明公交车辆到站的时间间隔越均匀，公交可靠性越高。计算方法如下：

$$\beta_{bus} = \frac{1}{N_{stop}} \sum_{s=1}^{N_{stop}} \frac{\sigma_s}{\mu_s} \tag{6-10}$$

$$\mu_s = \frac{t_{N_s,s} - t_{1,s}}{N_s - 1} \tag{6-11}$$

$$\sigma_s = \sqrt{\frac{1}{N_s - 1}\sum_{i=1}^{N_s-1}(t_{i+1,s} - t_{i,s} - \mu_s)^2} \qquad (6\text{-}12)$$

式中,β_{bus}——公交到站间隔波动性;

N_{stop}——评价区域内的公交车站数;

σ_s——在第 s 个公交车站,该线路的公交到达时间间隔标准差,s;

μ_s——在第 s 个公交车站,该线路的公交到达时间间隔平均值,s;

N_s——第 s 个公交车站到达的该线路公交车总数,veh;

$t_{i,s}$——第 s 个公交车站的第 i 辆公交车的到达时刻,其中 $i = 1, 2, \cdots, N_{\text{stop}}$,到达时刻精确到秒。

上述计算中,各站公交车的实际到达时间 $t_{i,s}$ 由城市公交运营部门提供,一般由车载定位终端或公交信息发布系统得到。选取的统计时段应为公交车站有公交线路运营的时段,一般选取早晚高峰时段或实施公交优先措施的时段,统计时段的时长宜大于 1h。

3. 高峰时段公交平均拥挤度

指标定义:统计时间段内,早晚高峰时段公交车的载客率。计算方法如下:

$$C_{\text{bus}} = \frac{\sum_i V_{\text{pax},i}}{N_{\text{bus}} \times V_0} \qquad (6\text{-}13)$$

式中,C_{bus}——高峰时段公交平均拥挤度;

$V_{\text{pax},i}$——高峰时段第 i 班次公交车最大断面乘客数,人;

N_{bus}——高峰时段采样公交车班次总数,veh;

V_0——高峰时段公交最大客流断面班次的额定载客量,人。

上述计算中,高峰时段各班次的额定载客量 V_0 由城市交通运输部门提供,最大断面乘客数量 $V_{\text{pax},i}$ 由公交运营部门提供,一般根据公交通过指定断面时的载客量信息得到。

6.2.4 公交运营水平评价

公交运营水平的评价指标包括高峰时段公交日均客运量、高峰时段公交载客公里人次。

1. 高峰时段公交日均客运量

指标定义:评价时期内,公交线路的每日高峰时段总客运量的平均值。计算方法如下:

$$V_{\text{pax}} = \frac{\sum_i V_{\text{p}i}}{N_{\text{day}}} \qquad (6\text{-}14)$$

式中，V_{pax}——公交每日高峰时段总客运量，人·次；

$V_{\text{p}i}$——第 i 天高峰时段的公交总客运量，人·次，以高峰时段内发车的公交车辆的总载客量为准；

N_{day}——统计时段内的总天数。

上述计算中，每日的高峰时段客运量 $V_{\text{p}i}$ 由城市公交运营公司提供。选取的评价时期应在评价区域实施公交优先组织管控策略之前及之后，且时长宜大于 15 天。

2. 高峰时段公交载客公里人次

指标定义：评价时期内，公交线路的每日高峰时段载客公里数的平均值。计算方法如下：

$$V_{\text{ridership}} = \frac{\sum_i (V_{\text{r}i} \times V_{\text{pax},i})}{\sum_i V_{\text{pax},i}} \tag{6-15}$$

式中，$V_{\text{ridership}}$——高峰时段公交载客公里人次，km/(人·次)；

$V_{\text{r}i}$——第 i 天高峰时段的公交平均每人次运输里程，km/(人·次)；

$V_{\text{pax},i}$——第 i 天高峰时段的总客运量，人·次。

上述计算中，每日高峰时段总客运量 $V_{\text{pax},i}$ 和平均客运里程 $V_{\text{r}i}$ 由城市公交运营部门提供，一般由车载收费系统得到。选取的评价时期应在评价区域实施公交优先组织管控策略之前及之后，且时长宜大于 15 天。

6.3 外部性评价

6.3.1 公交优先建设水平评价

公交优先建设水平的评价指标，包括公交优先交叉口比例、公交专用道设置比例、高峰时段公交机动化分担率。

1. 公交优先交叉口比例

指标定义：评价区域内，实施公交优先控制的交叉口占所有公交线路途经的信号控制交叉口的比例。计算方法如下：

$$\gamma_{\text{prior}} = \frac{N_{\text{prior}}}{N_{\text{signal}}} \tag{6-16}$$

式中，γ_{prior}——公交优先交叉口比例；

N_{prior}——实施公交优先组织管控措施的交叉口，满足条件的交叉口应对评价的公交线路所属的流向实施公交优先控制措施；

N_{signal}——公交线路途经的信号控制交叉口的总数。

2. 公交专用道设置比例

指标定义：评价区域内，实施公交专用道的路段里程占公交线路里程的比例。计算方法如下：

$$\gamma_{\text{exclusive}} = \frac{L_{\text{exclusive}}}{L_{\text{bus}}} \tag{6-17}$$

式中，$\gamma_{\text{exclusive}}$——公交专用道设置比例；

$L_{\text{exclusive}}$——公交线路途经道路设置公交专用道的总里程，km；

L_{bus}——公交线路的实际运营里程，km。

3. 高峰时段公交机动化分担率

指标定义：评价时期内，每日高峰时段公交出行量占机动化出行量的比例的平均值。计算方法如下：

$$\xi_{\text{bus}} = \frac{\sum_i R_{\text{bus},i}}{\sum_i R_{\text{motor},i}} \tag{6-18}$$

式中，ξ_{bus}——高峰时段公交机动化分担率；

$R_{\text{bus},i}$——第 i 天高峰时段中的公交出行总数，人·次；

$R_{\text{motor},i}$——第 i 天高峰时段中的机动化出行总数，人·次。

公交分担率的统计应采用 JT/T 1052—2016 的方法[36]并满足相关条件。

6.3.2 整体交通效益评价

整体交通效益的评价指标，包括路段交通拥堵等级、交叉口交通拥堵等级。

1. 路段交通拥堵等级

指标定义：统计时段内，评价路段的交通拥堵等级。计算方法如表 6-2 和表 6-3 所示。

表 6-2 城市主干路、次干路交通拥堵等级计算方法[33]

限速/(km/h)	平均行程速度/(km/h)			
80	≥45	[30,45)	[20,30)	[0,20)
70	≥40	[30,40)	[20,30)	[0,20)
60	≥35	[30,35)	[20,30)	[0,20)
50	≥30	[25,30)	[15,25)	[0,15)
40	≥25	[20,25)	[15,20)	[0,15)

续表

限速/(km/h)	平均行程速度/(km/h)			
<40	[25,限速值)	[20,25)	[10,20)	[0,10)
交通拥堵度	畅通	轻度拥堵	中度拥堵	严重拥堵
交通拥堵等级	1	0.7	0.4	0

注：城市支路也可参照此表计算。

表 6-3 城市快速路交通拥堵等级计算方法[33]

限速/(km/h)	平均行程速度/(km/h)			
120	≥70	[50,70)	[30,50)	[0,30)
110	≥65	[45,65)	[25,45)	[0,25)
100	≥60	[40,60)	[20,40)	[0,20)
90	≥55	[35,55)	[20,35)	[0,20)
80	≥50	[35,50)	[20,35)	[0,20)
70	≥45	[30,45)	[20,30)	[0,20)
60	≥40	[30,40)	[20,30)	[0,20)
<60	[40,限速值)	[30,40)	[20,30)	[0,20)
交通拥堵度	畅通	轻度拥堵	中度拥堵	严重拥堵
交通拥堵等级	1	0.7	0.4	0

其中，平均行程速度按下式计算：

$$\bar{v} = \frac{NL}{\sum_{i}^{N} T_i} \tag{6-19}$$

式中，$\bar{v}$——区间路段平均行程速度，km/h；

L——区间路段长度，km；

T_i——第 i 辆车辆通过区间路段的行程时间，h；

N——统计车辆数。

上述计算中，车辆的平均行程时间 T_i 通过采样得到。样本类型应按交通量比例覆盖路段实际通行的各种车型，包括公交车和社会车辆，但不包括特种车辆。采样时长宜选取 3～5min，最长不宜超过 15min，统计样本量应大于路段车道数的 10 倍。

2. 交叉口交通拥堵等级

指标定义：统计时段内，实施公交优先组织管控交叉口的交通拥堵等级。计算方法如表 6-4 所示，判断依据可选择最大车均延误或最大排队时间指数。

表 6-4　交叉口交通拥堵等级计算方法[33]

交通拥堵度	畅通	轻度拥堵	中度拥堵	严重拥堵
最大车均延误/s	[0,55)	[55,100)	[100,145)	≥145
最大排队时间指数	[0,0.8)	[0.8,1.5)	[1.5,2.1)	≥2.1
交通拥堵等级	1	0.7	0.4	0

其中,最大车均延误按下式计算:

$$\overline{D}_{\max} = \max\{\overline{d}_1, \overline{d}_2, \cdots, \overline{d}_n\} \quad (6-20)$$

式中,$\overline{D}_{\max}$——最大车均延误,s;

$\overline{d}_i$——第 i 进口道的车均控制延误时间,s,$i=1,2,\cdots,n$;

n——交叉口的进口道总数。

最大排队时间指数按下式计算:

$$\text{QTI}_{\max} = \max\left\{\frac{T_i}{C}\right\} \quad (6-21)$$

式中,$\text{QTI}_{\max}$——最大排队时间指数;

T_i——第 i 进口道的平均排队时间,s,$i=1,2,\cdots,n$;

n——交叉口的进口道总数;

C——交叉口的信号控制周期长,s。

上述计算中,进口道车均延误 $\overline{d}_i$ 和排队时间 T_i 通过采样得到,一般由人工调查或交通检测器获取信息,采样率应不小于 90%,但样本不包括发生故障的车辆及其所在进口。采样时长宜选取信号控制平均周期的 2~3 倍,最长不宜超过 15min。条件允许时,优先选择最大车均延误作为交通拥堵等级的判断指标。

6.3.3　社会经济效益评价

社会经济效益的评价指标包括百公里燃油消耗、机动车整体排放率。

1. 百公里燃油消耗

指标定义:评价区域内机动车的平均百公里油耗。计算方法如下:

$$F_{\text{motor}} = \frac{F_{\text{bus}} \times V_{\text{bus}} + F_{\text{car}} \times V_{\text{car}}}{V_{\text{bus}} + V_{\text{car}}} \quad (6-22)$$

式中,F_{motor}——机动车百公里燃油消耗,L;

V_{bus}——公交车(包括燃油动力和混合动力)统计总数,veh;

V_{car}——社会车辆(包括燃油动力和新能源动力)统计总数,veh;

F_{bus}——公交车的平均百公里燃油消耗,L;

F_{car}——社会车辆的平均百公里燃油消耗,L。

上述计算中,公交车的平均百公里油耗 F_{bus} 由城市公交运营公司提供,社会车辆的平均百公里油耗 F_{car} 通过抽样得到。

2. 机动车整体排放率

指标定义：评价区域内的机动车人均排放量。计算方法如下：

$$E_{motor} = \frac{E_{bus} \times V_{bus} + E_{car} \times V_{car}}{\rho_{bus} \times V_{bus} + \rho_{car} \times V_{car}} \tag{6-23}$$

式中, E_{motor} ——机动车整体排放率,kg/(人·次);

V_{bus} ——公交车(包括燃油动力和混合动力)统计总数,veh;

V_{car} ——社会车辆(包括燃油动力和新能源动力)统计总数,veh;

E_{bus} ——公交车的平均排放量,kg/veh;

ρ_{bus} ——公交车的平均载客量,(人·次)/veh;

E_{car} ——社会车辆的平均排放量,kg/veh;

ρ_{car} ——社会车辆的平均载客量,(人·次)/veh。

上述计算中,公交车的车均排放量 E_{bus} 和平均载客量 ρ_{bus} 由城市公交运营公司提供,社会车辆的平均排放量 E_{car} 和平均载客量 ρ_{car} 通过抽样得到。

6.4 评价结果形成

公交优先组织管控的性能评价应形成评价报告,其内容见表 6-5。

表 6-5 公交优先组织管控性能评价报告内容

编 号	内 容
一、评价范围	(1) 城市道路网各道路、路段的名称和编号 (2) 各交叉口的位置、名称和编号 (3) 公交线路及公交车站信息 (4) 评价的时间周期
二、数据分析	(1) 数据采集相关的其他规范性引用文件 (2) 数据采集方法 (3) 相关基础信息的参数取值 (4) 部分评价指标的计算方法选择 (5) 重要路段、交叉口、公交线路基本评价指标的计算结果
三、评价结果	(1) 基本评价指标的评价等级 (2) 各评价目标的计算结果汇总 (3) 公交优先组织管控实施前后的评价指标对比 (4) 趋势图表等
四、评价汇总	(1) 评价等级汇总表 (2) 评价结果总结,关键问题和优化目标的分析

第 7 章

典型应用案例

CHAPTER 7

7.1 成都市有轨电车蓉 2 号线

7.1.1 案例概述

成都市有轨电车蓉 2 号线是成都市首条地面轨道交通线路，线路全长 39.04km，共设站 42 座。蓉 2 号线道路交通信号控制系统由交通检测系统、交通信号控制器和分中心平台组成。其中，交通检测系统包括有轨电车检测系统、社会车辆检测系统；交通信号控制器采用西门子 ST950 交通信号控制器，可以实现复杂的交通信号控制策略，外场设备通过 VPN 网络接入 IT 大道分中心。分中心平台采用西门子 UTC/SCOOT 实时自适应区域交通控制系统，具备完整的控制功能，以保证在未连入成都市控制中心时，可以独立运行；另外中心还配备 Sitracs 系统，可以更好地监控信号系统的运行状态并提供相应的数据接口。分中心和成都市现有控制中心可以通过 VPN 通信网络对接，最终实现与现有系统的对接。（图 7-1、图 7-2）

第7章 典型应用案例

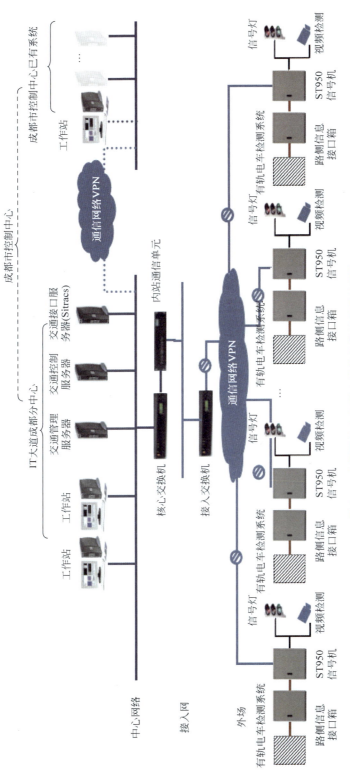

图 7-1 成都有轨电车蓉 2 号线信号控制系统架构

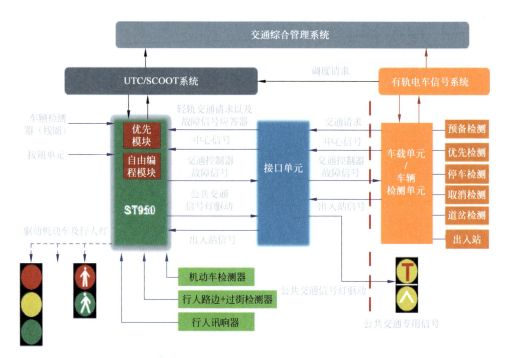

图 7-2　成都有轨电车蓉 2 号线信号控制系统物理架构图

注：如果轻轨交通请求信号时间段少于 4 秒，它就被认为是无效信号

7.1.2　信号优先控制总体方案

在常规（即没有有轨电车信号优先）情况下，通过设置合适的流量检测器，实时检测道路流量、饱和度，并提供给中心 SCOOT 系统，实现区域的自适应控制。有轨电车信号优先是根据有轨电车到达交叉口的信息，通过绿灯延长、红灯缩短、插入相位、跳转相位的方式实现有轨电车优先通过交叉口；在有轨电车通过后，中心 SCOOT 系统针对交叉口实时流量，继续灵活调整需要相位的时长，补偿可能造成损失的相位。在包含有轨电车信号的相位内应保证交通流绝对无冲突，保证电车安全通过交叉口；并尽可能放行无冲突的交通流，以减小电车对道路交通的影响。

将有轨电车设计为需求交通流，在电车无需求时，有轨电车信号灯不获得通行权；有轨电车信号优先可分为绝对优先和相对优先甚至无优先，可根据交叉口大小以及电车早晚点等情况灵活设置。

绝对优先：控制器立即响应优先请求。

相对优先：一定条件的优先，可根据实际情况进行设置。

无优先：控制器不响应优先请求，有轨电车跟随社会车辆通行；但仍应将电车的请求发送至控制器，否则视为故障状态。

7.1.3 交叉口信号控制策略

1. 主要特点

社会交通信号灯由西门子 ST950 信号机进行控制。有轨电车专用信号灯由有轨电车控制柜进行驱动。两个控制柜之间安装有接口柜,双方通过接口柜进行信息交换。有轨电车专用信号灯的通行和禁止,仍受 ST950 信号机的控制。主要原理是 ST950 提供允许通行的信息,有轨电车控制柜在收到允许通行的信息后,再开启有轨电车专用信号灯。如果交叉口没有电车通行,交叉口的运行模式以及配时等与常规的交叉口在原理上是相同的。当有轨电车需要通过交叉口时,在遵循后文描述的优先策略下,安全通过交叉口。

2. 安全策略

为确保有轨电车安全通过交叉口采取的策略如下:
(1) 相位冲突设置仍然有效;
(2) 各相位最小/最大绿灯时间仍然有效;
(3) 相位绿灯间隔时间仍然有效;
(4) 在有轨电车进入交叉口后,对应的专用信号灯转为禁行状态,但相同阶段内的道路交通信号灯仍保持通行状态,直至有轨电车完全通过交叉口才切换至下一状态;
(5) 在有轨电车占用交叉口时生效。

3. 控制模式

有轨电车信号控制模式见表 7-1;有轨电车信号控制具体运行模式见表 7-2。

表 7-1 有轨电车信号控制模式

控制模式	优先策略	状态说明
常规模式	无	(1) 按照常规灯控交叉口运行; (2) 有轨电车专用信号灯将一直处于禁止状态
手控模式	无	(1) 由交通管理人员执行; (2) 可选择调用允许有轨电车通过交叉口的阶段; (3) 如果有轨电车占用交叉口信号有效,则安全策略生效
伴随模式	无	(1) 有轨电车将跟随不冲突的道路交通流通过交叉口; (2) 当占用信号生效时,安全策略生效
优先模式	优先	(1) 有轨电车将按照一定的策略优先通过交叉口; (2) 当占用信号生效时,安全策略生效

表 7-2　有轨电车信号控制具体运行模式

运行模式	优先策略	状态说明
1 级优先	阶段跳转 绿灯延长 红灯缩短	(1) 优先让有轨电车通过交叉口； (2) 需要有轨电车的各类信号有效； (3) 如果没有信号请求，有轨电车专用信号灯将一直处于禁止状态
2 级优先	绿灯延长 红灯缩短	(1) 类似于伴随模式，有轨电车在本阶段绿灯末尾到来（非绿间隔期间），通过绿灯延长的方式优先通过交叉口； (2) 有轨电车在本阶段红灯期到来，通过缩短其他阶段绿灯时间的方式提前打开有轨电车相位，优先通过交叉口，但不会改变交叉口的放行顺序； (3) 需要有轨电车的各类信号有效； (4) 如果没有信号请求，有轨电车专用信号灯将一直处于禁止状态
3 级优先	绿灯延长	(1) 类似于伴随模式，有轨电车在本阶段绿灯末尾到来，通过绿灯延长的方式优先通过交叉口； (2) 需要有轨电车的各类信号有效； (3) 如果没有信号请求，有轨电车专用信号灯将一直处于禁止状态

4. 交叉口分类控制模式

1) 一般性原则

在有轨电车非运营时段，采取常规模式，预留手控模式；运行阶段数量为两个或 3 个，一般采取 1 级优先模式；运行阶段数量为 3 个，但存在左转待行区，一般采取 2 级优先模式；阶段数量在 4 个或以上的，采取 2 级优先模式；针对特殊路口，或有特别要求的，降级至 3 级优先或伴随模式。

2) 行人过街交叉口

运行阶段数量为两个，采取 1 级优先，有轨电车相位处于阶段 2；运行在 1 级优先时，如果有轨电车在阶段 2 时请求，则绿灯延长；如果有轨电车在阶段 3 时请求，则在保证阶段 3 最小绿灯时间（简称最小绿）的情况下，缩短阶段 2 红灯时间；因此在阶段数量仅为两个的情况下，采取 1 级优先与 2 级优先是相同的，并不存在阶段跳转的情况。在伴随模式运行时，如果有轨电车占用交叉口，则安全策略生效；运行在常规模式时，则运行阶段 1-3，不再启用 2-3。

行人过街控制模式见图 7-3。

3) 丁字交叉口

运行阶段数量为 3 个，采取 1 级优先，有轨电车相位处于阶段 2。当有轨电车在阶段 2 时请求，则绿灯延长；当有轨电车在阶段 3 时请求，则在保证阶段 3 最小绿的情况下，跳转回主路阶段 2；当有轨电车在阶段 4 时请求，则在保证阶段 4 最小绿的情况下，缩短阶段 2 的红灯时间。因此在阶段数量为 3 个的情况下，采取 1

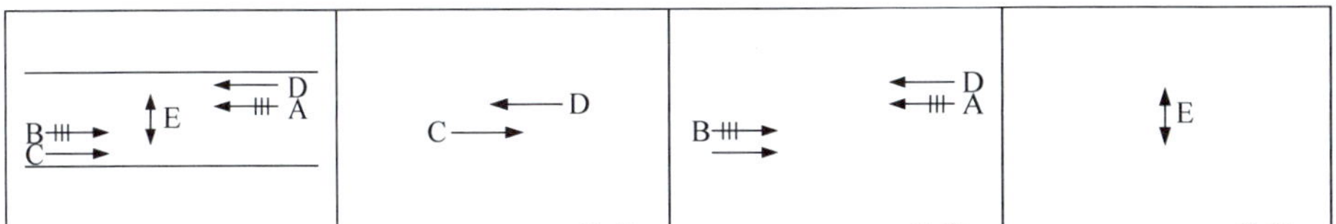

	阶段1	阶段2	阶段3
方案0 周期：60s 阶段：1-3 时段：非运营时段	40s	—	20s
方案1 周期：60s 阶段：2-3 时段：平峰 伴随模式	—	40s	20s
方案2 周期：80s 阶段：2-3 时段：高峰 伴随模式	—	60s	20s

图 7-3 行人过街控制模式

级优先，主要影响的是支路的运行，考虑支路流量情况，可根据实际情况选择合适的优先级。

丁字交叉口控制模式见图7-4。

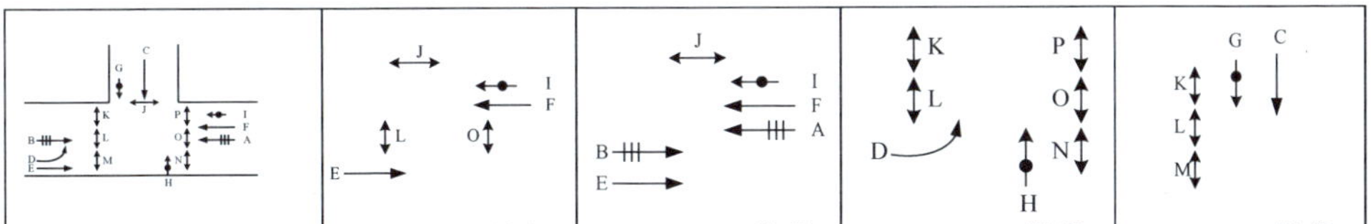

	阶段1	阶段2	阶段3	阶段4
方案0 周期：90s 阶段：1-3-4 时段：非运营时段	45s	—	20s	25s
方案1 周期：90s 阶段：2-3-4 时段：平峰 伴随模式	—	45s	20s	25s
方案2 周期：120s 阶段：2-3-4 时段：高峰 伴随模式	—	60s	25s	35s

图 7-4 丁字交叉口控制模式1

4）特殊的丁字交叉口

运行阶段数量为3个，采取2级优先，有轨电车相位处于阶段4。图7-5所示情况属于较为特殊的丁字交叉口，且有轨电车属于转弯，同时由于存在左转待行区，因此在阶段数量为3个的情况下，采取2级优先；运行顺序为1-2-4，并且不设置阶段跳转，仅采取阶段4绿灯延长和红灯缩短的办法。

5）十字交叉口

运行阶段数量为4个，采取2级优先模式，有轨电车处于阶段2。阶段2获得

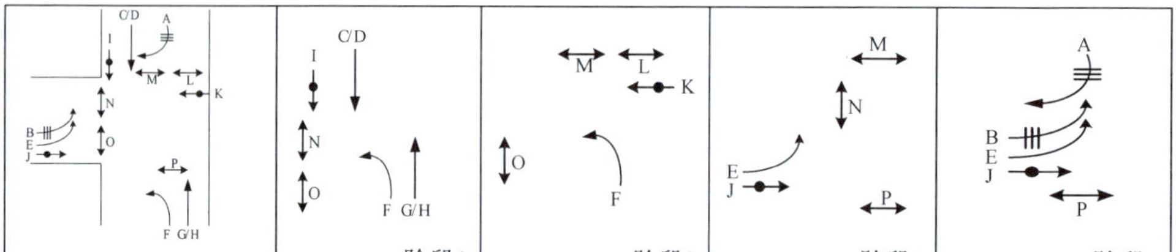

示意图	阶段1	阶段2	阶段3	阶段4
方案0 周期：120s 阶段：1-2-3 时段：非运营时段	60s	30s	30s	—
方案1 周期：120s 阶段：1-2-4 时段：平峰 伴随模式	60s	30s	—	30s
方案2 周期：160s 阶段：1-2-4 时段：高峰 伴随模式	90s	35s	—	35s

图 7-5 丁字交叉口控制模式 2

通行权期间，电车请求，通过交叉口；阶段 2 绿灯末尾期间，电车请求，绿灯延伸，通过交叉口；阶段 2 红灯期间，缩短阶段 2 红灯时间，但仍会按照 2-3-4-5 的顺序运行。

十字交叉口控制模式见图 7-6。

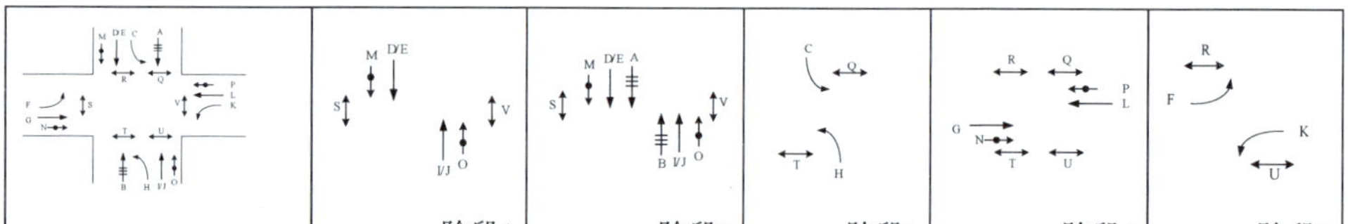

示意图	阶段1	阶段2	阶段3	阶段4	阶段5
方案0 周期：120s 阶段：1-3-4-5 时段：非运营时段	50s	—	20s	30s	20s
方案1 周期：120s 阶段：2-3-4-5 时段：平峰 伴随模式	—	50s	20s	30s	20s
方案2 周期：150s 阶段：2-3-4-5 时段：高峰 伴随模式	—	65s	25s	35s	25s

图 7-6 十字交叉口控制模式

6）特殊交叉口

西源大道-新业路特殊交叉口，存在 6 个方向的有轨电车，采取 3 级优先模式或者伴随模式。特殊交叉口控制模式见图 7-7。

	阶段1	阶段2	阶段3	阶段4	阶段5	阶段6
方案0 周期:90s 阶段:1-2-3 时段:非运营时段	40s	20s	30s	—	—	—
方案1 周期:90s 阶段:4-5-6 时段:平峰 伴随模式	—	—	—	40s	20s	30s
方案2 周期:120s 阶段:4-5-6 时段:高峰 伴随模式	—	—	—	60s	25s	35s

图 7-7 特殊交叉口控制模式

7.1.4 典型交叉口信号控制方案

1. IT 大道-新业路交叉口

成都市 IT 大道(现西源大道)与新业路交叉口为 T 形交叉口(图 7-8),在主线道路与支线道路交汇处,交叉口比较特殊。在信号配时中,阶段 4 将作为特殊阶段,用于三个方向的有轨电车同时通过的特殊情况,一般不出现在周期内;蓝色箭头代表有轨电车交通流,仅当有轨电车需要通过路口时,控制器才会给予通行权;无需求或者未运行的时段,控制器不会给予通行权,如图 7-9 所示。

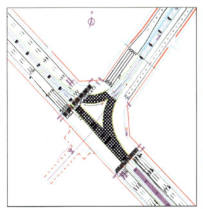

图 7-8 IT 大道-新业路交叉口图

IT 大道-新业路单独一辆有轨电车通过的示意图如图 7-10 所示。

对于无冲突的对向电车可以同时通过,与单独一辆有轨电车通过路口情形一

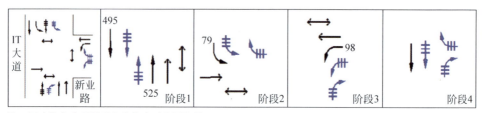

注：图中数字代表所示方向的小时交通流量。

图 7-9　IT 大道-新业路放行方案

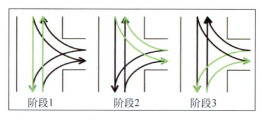

图 7-10　IT 大道-新业路单独一辆有轨电车通过

致；对于有冲突的电车，采取先到先通过原则，而其他方向的电车将在前一辆电车通过路口后获得通行权，如图 7-11 所示。

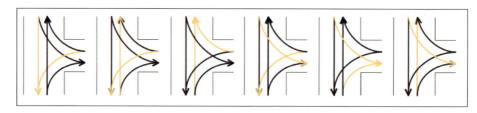

图 7-11　IT 大道-新业路两车通过

三车通过与两车通过类似，仍采取先到先通过原则；不过存在如图 7-12 所示的两种特殊情形，在一般情况下这两种均视为有冲突的电车准备通过交叉口，因此采取先到先通过原则，主要原因是为了跟随社会车辆，不至于中断整个交叉口。对于无冲突的情形，可以在一个固定的窗口时间内根据检测到其他方向的来车，判断是否调用一个特殊的相位，让三辆电车同时通过。对于全部冲突的情形，可以在一个固定的窗口时间内判断哪条线路优先级更高，然后优先给予通行权。

行人过街采用绝对优先模式，控制器收到优先请求会在满足最小绿灯时间等安全转换时间后给予电车通行权。

IT 大道-新业路放行方案如图 7-13 所示。

图 7-12　IT 大道-新业路三车通过

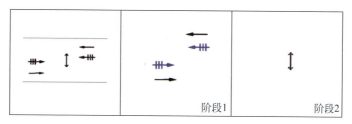

图 7-13　IT 大道-新业路行人放行方案

2. IT 大道-南北大道交叉口

该交叉口为 T 形交叉口,如图 7-14 所示,作为有轨电车转向交叉口的典型代表,该路口有轨电车信号可设置在 IT 大道左转相位内,同时需禁止普通社会车辆调头,信号放行方案如图 7-15 所示。

图 7-14　IT 大道-南北大道路口图

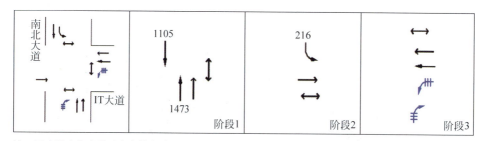

注：图中数字代表所示方向的小时交通流量。

图 7-15　IT 大道-南北大道放行方案

3. 合作路-天骄路交叉口

该交叉口为十字交叉口,如图 7-16 所示,支路无左转,是较为常规的交叉口,有轨电车信号灯处于主路直行相位中。合作路-天骄路放行方案如图 7-17 所示。

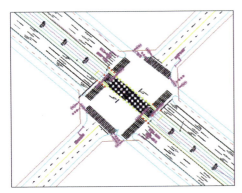 

图 7-16　合作路-天骄路路口图

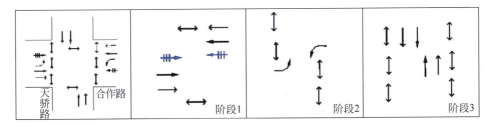

图 7-17　合作路-天骄路放行方案

4. 新业路-西芯大道交叉口

该交叉口也为十字交叉口,如图 7-18 所示。对于可能出现的勤务任务,可将手控优先级设置为最高级,当进入手控模式后,有轨电车信号优先功能将禁止,有轨电车将跟随社会车辆通过路口。新业路-西芯大道放行方案如图 7-19 所示。

图 7-18　新业路-西芯大道路口图

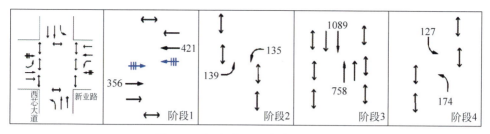

图 7-19　新业路-西芯大道放行方案

7.2　上海市公交信号优先案例

7.2.1　上海陆家浜路公交信号优先(公交绿波＋主动信号优先)

1. 项目简介

上海陆家浜路公交信号优先系统从西藏南路至跨龙路(有 5 个交叉口,长约 1km),其主要特点如下:

一是沿线交叉口均属于 SCATS 系统同一控制子区,便于实施信号协调方案。

二是路段内交叉口类型丰富,不仅包括主干道与主干道相交的大型交叉口,也包括主干道与次干道相交的小型交叉口;不仅有十字交叉口,也有丁字交叉口。

三是交叉口相位设计类型多样化,不仅有典型的四相位控制方案,也有典型的三相位信号控制方案,还有非典型的相位设计(如陆家浜路-河南南路交叉口)。

四是路段结构比较多,既有交叉口间距较近的短路段,也有间距较长的长路段。

五是公交停靠站与交叉口的间距多样化,比如陆家浜路大兴街公交站设置在离停止线较远位置处,而陆家浜路跨龙路公交站则设置在近停止线处。这些多样化有利于总结示范工程经验。

六是路段公交车流量较大。实测高峰小时公交车流量约 140 辆,沿线共有 18 条直行公交路线,实施信号优先的效果可能较为明显。

根据调查的交叉口间距,信号配时按照 45km/h 的行进车速分析,得到现状下的信号协调情况如下:一是从西到东方向,几乎所有车辆都需要停车一次,或停在河南南路,或停在跨龙路。二是从东到西方向,一部分车辆需要在西藏南路受阻一次,然后在西藏南路绿灯初期通过;少量车辆在大兴街受阻一次,然后在西藏南路绿灯末期通过;一部分车辆需要在大兴街与西藏南路各受阻一次,才能通过交叉口。

2. 公交绿波方案设计

为了不造成对西藏南路信号协调的较大改动,决定不在西藏南路实施错位绿波的设计,而仅在跨龙路实施错位绿波的设计。在这种情况下,无法较好地实现两个方向车辆不停车通过陆家浜与大兴街交叉口,车辆总会停下来。因此,结合陆家浜路、大兴街的公交停靠站设置情况,设计了以下公交绿波,利用社会车辆等红灯的时间,让公交车停站(图7-20)。

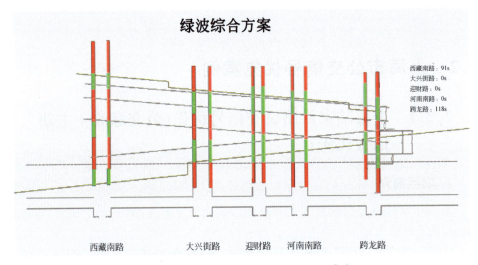

图 7-20　绿波综合设计方案信号协调图[47]

3. 公交信号主动优先技术示范方案

1) 基本优先策略

影响公交优先策略效益的因素包括:

(1) 公交信号优先区间长度——反映了优先触发的频率;

(2) 一次信号优先效益——反映了触发一次优先带来的效益。

如图 7-21 所示:

(1) 公交信号优先区间长度:绿灯提前＞插入相位＞绿灯延长。

(2) 一次信号优先效益:绿灯延长＞插入相位＞绿灯提前。

如图 7-22 所示,三种策略都能有效改善公交延误。其中,插入相位改善效果最好,这是因为插入相位同时具有较大的优先区间与一次优先效益;但插入相位对社会车辆产生的不利影响最大。

2) 优先策略布局

据此,示范工程研究提出了一套综合考虑信号灯倒计时的影响、路段长度限制、信号协调控制方案的配合、公交停靠站布置影响与制约的信号优先策略布局方案,具体如图 7-23 所示。

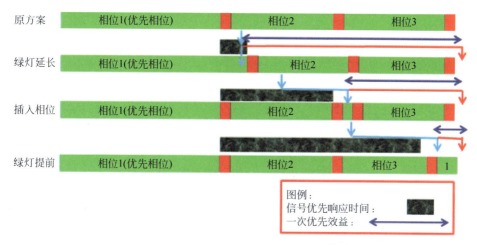

图 7-21 三种主动信号优先策略示意图[47]

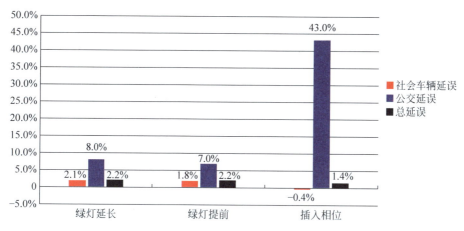

图 7-22 三种主动信号优先策略效益示意图（延误减少比例[47]）

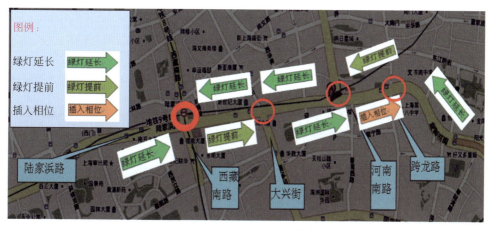

图 7-23 设计方案图例[47]

4. 公交信号优先方案改善效果

在公交绿波方案的基础上,实施在线公交信号优先策略,能够较大幅度地提高公交车辆的优先效益。对比"单独公交绿波方案"和"公交绿波方案+公交信号优先方案"两种情形,该公交信号优先项目的实际效益如下:从东到西,改善效益从12.8%提高到16.2%;从西到东,改善效益从12.0%提高到17.3%。总体公交效益从12.4%提高到16.7%(图7-24)。

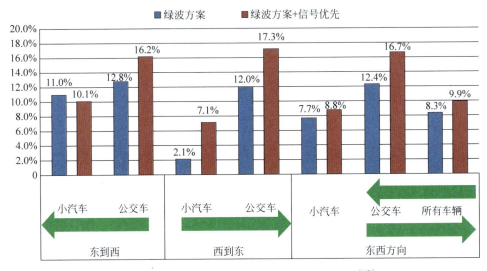

图7-24 公交信号优先改善效果图(延误减少比例)[47]

公交信号优先策略,对小汽车效益有一定的影响,导致从东到西的改善效益有轻微下降,而对从西到东的小汽车行程时间有较大的提高。这主要是由于在跨龙路实施插入相位,一部分直行小汽车也跟着受益引起的。公交信号优先改善效果图如图7-24所示。

7.2.2 上海延安路公交优先项目

1. 项目概述

上海市延安路公交优先项目是第一条穿越上海中心城区的中运量线路,是上海市中心城区极为重要的东西交通走廊和大客流公交走廊。全线长17.8km(从申昆路到外滩),为专用路权的公交专用道,沿线通过57个信号控制交叉口、路段掉头、行人过街,其中多个交叉口高峰时间饱和度在90%以上,最小发车间隔可达2min 30s,平均运营速度18km/h以上(单程行程时间1h左右)。工程采用路中式公交专用道,利用高架桥下中央分隔带设置中途站。线路走向为沪青平公路(申昆路)—延安西路—延安中路—延安东路外滩(中山东一路),自西向东横贯闵行、长宁、静安、黄浦四个区,设站 25 组(含首末站 2 座),平均站间距 730m。线路采用 18m(全程)和 12m(区间)共计 68 辆大容量双源无轨电车交替运行。

2. 公交信号优先系统

延安路中运量公交信号优先系统很好地实现了车、路、公交调度系统、信号中心系统等多系统的有机协同,系统架构如图 7-25 所示。

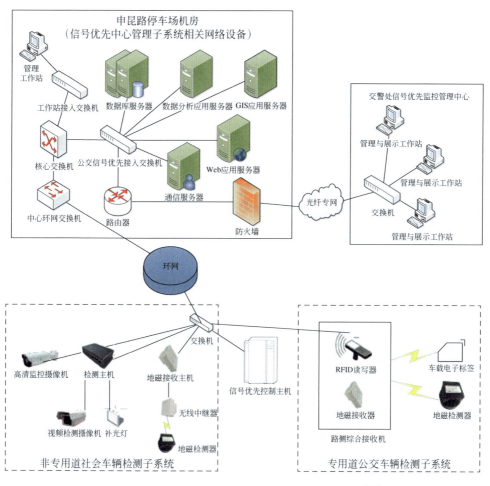

图 7-25 延安路中运量公交信号优先系统物理架构[47]

延安路中运量公交信号优先系统由以下子系统组成:
1)道路检测子系统
道路检测子系统分为非专用道社会车辆检测子系统与专用道公交车辆专用检测子系统,主要用于识别公交车辆、检测公交车辆到达情况、感知社会车道交通流状态等。

（1）非专用道社会车辆检测子系统。在主道选用视频车辆检测设备，在横向道路选用无线地磁采集设备，采集与专用道平行的社会车道以及横向车道的交通流状态信息，用以综合研判公交优先策略，以及分析公交专用道的运行对社会车道的影响。

（2）专用道公交车辆检测子系统。系统运用 RFID 射频通信技术、精确区域唤醒技术、软硬件的低功耗控制技术、数据通信加密技术等关键技术，通过布设多个检测器，反复校正公交车辆位置的方式，对公交车辆进行准确定位和身份识别。通过车辆检测与识别手段，监视公交车辆在路段、交叉口与进出站等地点的位置与状态，将信息综合处理后结合社会车道交通流信息，确定公交的优先等级，给予公交车辆合理的交叉口优先通行策略。

2）公交信号优先控制系统

主要包括交叉口道路交通信息采集、信号控制机以生成与执行公交优先通行方案。交叉口公交优先控制主机获取所需的公交车辆 ID、线路号、线路等级、行驶方向、距交叉口的距离、车次属性、车辆速度、晚点与否等信息。通过优先控制主机研判给予公交车辆何种优先策略。通过向交通信号控制机发送请求，由信号机发出命令，给予公交车辆一定优先通行策略。

为配合中运量工程实施过程中的道路拓宽和信号优先，对外场信号灯和信号机进行了同步改造。公交专用信号灯如图 7-26 所示。

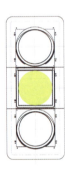
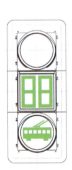

图 7-26　公交专用信号灯[47]

3）中心管理系统

中心管理系统包括满足系统监管要求的软硬件配置。

（1）公交信号优先系统运行监测。实现基于 GIS 的公交信号优先系统实时运行状态监测，实现公交信号优先控制方案的辅助设计与管理功能。

（2）公交信号优先效果分析评价。通过获取的信号优先、电车运行和道路交通运行数据，分析评价中运量公交车在实施信号优先后的效果，选取一些比较常用的参数（准点率、各信号优先方案使用比例、旅行速度、交叉口绿灯时间内中运量车辆通过率等），对优化效果进行直观描述。

(3) 系统内部数据交互。通过数据通信服务实现中心系统与公交信号优先主机以及公交信号优先主机间的实时业务信息交互,满足公交信号优先控制的数据交互要求。

(4) 系统对外数据交互。实现公交信号优先系统与外部系统间的数据获取和数据提供功能。

(5) 系统配置管理。实现系统用户权限、基础信息管理以及公交信号优先控制主机远程配置管理等功能。

3. 主要技术特点

(1) 基于多源感知方式的人、车、站、路信息采集技术。通过在站台、电车、主线专用道及相交道路、交叉口等位置安装高清视频监控设备、客流采集设备、车载一体机、双基车辆识别定位检测设备等,实现对中运量公交"人、车、站、路"多源信息的全面感知,有效支撑中运量公交运营及管理需求。

(2) 基于动态客流及车辆实时运营状态的智能运营调度技术。基于车辆运营的计划排班,综合考虑实时客流、车辆动态运营状态等,智能调整调度策略,在提高调度精度的同时降低调度的复杂度,满足突发大客流的运营需求,以及基于平峰客流动态班次调整的企业运营成本控制。

(3) 与道路交通协同化运行的信号优先控制技术。通过对全线交叉口信号优先控制方案进行精细化、针对化设计,以及中运量公交控制中心和交叉口信号控制设备实时联动控制,实现中运量多模式、有条件的信号优先。

(4) 面向全过程控制的综合平台集成管理技术。依靠高可靠性、高实时性、高可扩展性的系统平台,实时接入外场设备海量信息,并通过便捷、人性化的人机操作界面,实现城市中运量公交的实时智能调度、信号优先综合监控、辅助决策支持、专用道监控管理、设施设备运行管理等业务管理功能。

(5) 面向全生命周期管理的设施设备运维保障技术。针对不同设备故障级别对于中运量运行的影响,考虑多级联动应急预案;通过故障动态跟踪与智能溯源技术,对故障源进行判断和分析;应用大数据分析技术,对设备使用寿命、故障概率等因素进行预测分析,并通过软件平台实现设备全生命周期精细化管理。

4. 效果分析

自 2017 年 2 月 1 日开通运营以来,中运量公交客流总体保持适度增长趋势,工作日日均客运量达到 4.6 万乘次;运行速度持续提升,全程平均运行车速 18km/h,早晚高峰全程平均运行时间约 60min;早晚高峰时段发车间隔控制在 3min,全日发车约 560 班。

7.3 南京市公交优先控制系统

南京市公交优先控制系统作为南京市智慧交通的重点建设内容,通过全市范围内现有信号机设备的升级以及信号控制设备的联网建设,实现全市信号控制的系统化监测和远程控制,提高了交通信号控制的智能水平。实现智能公交信号优先,在主干道增建公交车辆数据采集设备,结合公交车载定位系统实时采集公交车运行信息。在此基础上,结合信号优先策略,实现公交信号优先控制,达到显著提升公交通行效率、改善交通状况的目的。采集路段及交叉口公交车通行数据,对道路交通流、交通拥堵情况进行实时分析,为智能交通信号控制系统提供数据支撑,避免交叉口公交车辆发生拥堵。相对于常规公交优先,南京公交优先控制系统提出了两个"转变"的建设要求:要由空间优先转变为时间优先、由交叉口的单点优先转变为全空间范围的优先。

7.3.1 系统设计

1. 系统架构

南京市公交优先控制系统架构如图 7-27 所示。

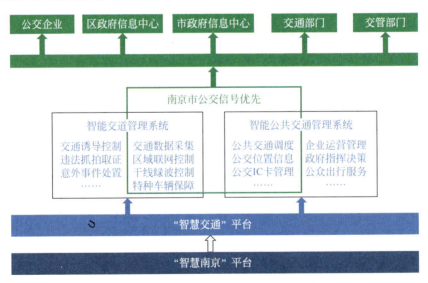

图 7-27 南京公交优先控制系统架构[48]

1) 公交企业

通过智能交通管理系统与智能公共交通管理体系的共同建设,在信息共享下实现公交信号优先,更加快速、准时的公交出行服务不仅提高了公交企业的服务水平,也提升了公共交通的吸引力。同时该系统及平台还提高了公交企业收集、传递、处理、利用信息的能力,公交车辆的定位、线路跟踪、到站预测、电子站牌信息发布等数据的共享也让公交企业具备了更高的调度与运营能力。

2) 政府信息中心

市、区政府信息中心通过对道路信息的实时监测,多渠道发布交通信息,为公众出行提供便捷的交通信息服务,同时,区政府信息中心和市政府信息中心可实现信息共享,大大提升了政府的交通管理能力与服务水平。

3) 交通部门

通过智慧交通平台,结合智能交通管理系统和智能公共交通管理系统,全面了解掌握道路信息;为智能公交等提供信息支撑,为优化公交线路及站点、道路状况等提供信息支持。

4) 交管部门

对道路交通信息进行检测和采集,为交通信号控制优化提供有效数据;实施信号联网协调控制,实时更新诱导信息,均衡各条道路的通行压力,改善交通状况;通过定位系统检测公交车辆的运行速度和位置信息,实现公交信号优先;实时监控道路状况,对特种车辆的保障、大型活动保障、突发情况等能采取应急预案,保障道路通畅。

2. 应用架构

本系统总体设计通过智能信号机联网,结合大量交通和公交数据,构建南京市智慧交通信号控制系统,实现公交信号优先应用。架构示意图如图7-28所示。

应用框架主要包括以下几个部分:

1) 交叉口单元

改造升级现有的交叉口信号机,使其具备联网功能,便于统一调度管理。同时,信号机加装交叉口信号优先控制模块,使其具备独立的交叉口智能控制功能,保持与控制中心的通信能力,上传采集到的交通信息,执行控制中心发出的区域协调控制指令或自动生成、执行单点自适应控制指令。另外,交叉口增加流量感应器,组成地磁感应、视频识别、卫星定位和RFID基站组合信息采集系统,以准确定位监测公交车行驶情况以及获取整个交叉口动态交通信息,成为智慧交通信号控制的"电子眼"。

2) 智能交通信号控制中心

信号控制中心提取、处理、统计、分析采集的路网数据和公交运行速度及位置信息,建立公交优先控制方法流程和配时参数优化模型,建立优先条件和优先策略选择规则,通过联网信号机的集中管控,确定智能协调和控制交通信号灯的配时,以及结合相应的单点控制、干线协调控制、区域协调控制等控制策略,实现点、线、面结合的全方位智能控制模式,最终确定合适的公交信号优先策略。

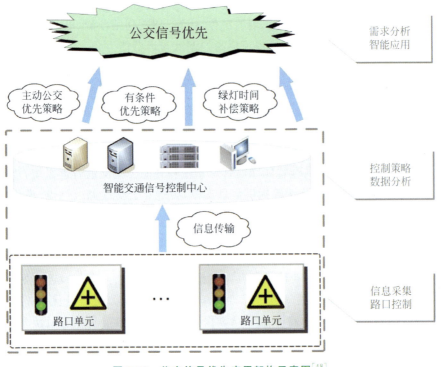

图 7-28　公交信号优先应用架构示意图[48]

3）智能公交信号优先应用

基于全面的信号采集、完善的网络互联、智能的控制策略，为公交车提供智能的信号灯相位控制和配时方案，保障公交车享有较高的交叉口优先通行权，实现公交优先应用。

3. 信息采集分析

交通信号控制以及公交优先的实现，是建立在统计分析各类交通信息的基础上的。选取合适的交通信息采集设备，是成功构建交通信号控制系统和实现其他交通控制应用功能的重要条件。信息采集分析包括车载定位信息采集、路段检测信息采集、交叉口视频检测信息采集、数据融合分析、历史信息存储5部分。

1）车载定位信息采集

公交信号优先控制要求车辆定位精度达到亚米级，通过实时CORS系统差分修正处理和路段RFID定点定位配合，达到对车辆的精确定位。实现公交车辆的实时位置、速度、方向等信息采集。把采集的位置信息通过网络实时传回控制中心，控制中心经过对信息进行融合、处理和分析后，与交叉口信号机实时通信，实施公交信号优先控制。

2）路段检测信息采集

使用无线线圈、微波等多种检测手段，实时检测路段交通情况，检测各路段方向是否拥堵，给公交信号优先提供基础数据支撑。

3）交叉口视频检测信息采集

接入交叉口视频检测器，并检测公交车辆行进方向交叉口内的交通情况。根据交叉口内的交通压力，调整信号控制策略。

4）数据融合分析

把车载定位信息、路段检测信息、交叉口检测信息、交通信号配时等数据进行融合分析，根据公交优先策略，实行公交车辆优先。

5）历史信息存储

记录车载设备、路段检测设备、交叉口检测设备的实时信息，存储到数据库，供相关系统分析研判使用。

4. 优先策略

系统开发了基于区域—干线—交叉口的三层交通控制模型。区域控制模型在保证主干道畅通的前提下，合理调节公交车辆分布，最终达到宏观交通控制效果；在干线层面，根据道路等级、公交线路数量、早晚高峰公共交通潮汐特性设计公交绿波带，保障公交车辆绿波畅行；在交叉口层面，按照线路、道路等级确定各方向信号优先级别。通过延长绿灯、缩短红灯的方法进行实时的信号调整，实现公交车优先通行。

1）交叉口公交车辆优先通行

智能交通信号控制系统在交叉口信号控制策略等方面具备对公交车辆的优先功能，它通过协调公交车辆与社会车辆的通行权问题，在保证公交优先的基础上，使道路交通有最大的通行效率。

（1）常态交通状态下的公交信号优先

系统实施公交信号优先控制技术，包括分段双向绿波、快速通行交通信号保障、信号优先冲突管控等；通过建立公交信号优先实时配时优化流程，确定公交线路沿线交叉口的周期、相序、绿信比、相位差，实现南京市公共交通的优先通行；同时，对南京市公交系统运营状态和公共交通客流分布进行实时检测与预测，并通过室外诱导屏、互联网、车载装置、移动终端、智能终端等方式，将公共交通诱导信息向社会和公交管理部门发布。

（2）饱和交通状态下的公交信号优先

饱和状态是由于意外事件或潮汐交通等原因导致交叉口的交通流量超过了交叉口的疏散能力而呈现的交叉口流量饱和状态。机动车会在交叉口进口道出现明显的排队现象，严重状态下甚至会影响到邻近交叉口的正常交通通行而形成局部路网的拥堵。饱和状态下公交的优先通行很难得到保障，且公交信号优先的前提条件是保证社会车辆的基本通行,因此,在饱和状态下,公交信号优先控制策略采取相应的调整来满足交叉口的基本通行功能,继而实现公交的优先通行,即系统具备针对过饱和状态的过饱和控制功能。

(3) 突发事件下的公交信号优先

交通意外事件的发生易对公共交通产生较大的影响。公交优先控制策略应具备对交通意外事件的管理功能,能通过检测技术手段对事件进行准确定位与及时响应,并生成事件应急控制策略,保证事件地点的公共交通正常有序。同时,控制系统能根据事件严重程度,对周边道路交通的管理控制提出合理的应急方案,降低意外事件对公共交通造成的影响。

2) 公交道路网模型

涉及公交信号优先控制的线路分两个层次:主要线网层和次要线网层。划分原则:根据运行在当前道路上公交线路的车辆数、线路特征(载客量、发车频率)、路段拥堵的可承受性来确定主要和次要线网层。

3) 特种车辆绿色通道功能

对特种车辆实施有效的交通诱导和保障,为特种车辆提供安全、高效、畅通的通行环境。公交优先控制系统能在检测、自动识别、定位特种车辆的基础上,调整交通信号控制策略,为特种车辆的快速、安全通行提供必要的"绿色通道"。

5. 系统功能

本系统分为交通信号控制子系统、公交信号优先控制子系统、特种车辆优先控制子系统、信息采集分析子系统、公交车载北斗子系统、北斗差分数据定位子系统、交叉口信号配时管理子系统、设备运维子系统和用户管理子系统。

交通信号控制是整个大系统的基础,信息采集分析是手段,公交信号优先控制是目标,设备运维是保障工具,用户管理系统是管理窗口。

公交信号优先控制子系统和特种车辆优先控制子系统基于交通信号控制子系统,然后在整个路网的信号动态配时基础上,进行有条件的信号优先控制。公交信号优先和特种车辆优先控制,是在路网平衡和最低限度保证道路交通资源分配的基础上进行的,以此来达到减少人均延误和社会影响为目的的优先控制。

由于特种车辆的特殊性和重要性,特种车辆优先控制系统的道路优先控制级别高于公交信号优先控制。

信息采集分析子系统、公交车载北斗子系统、北斗差分数据定位子系统是为信号优先控制提供数据与运算支持的系统。

设备运维子系统和用户管理子系统是为各个系统的稳定运行提供保障的管理系统。

信息交互流程图如图 7-29 所示。

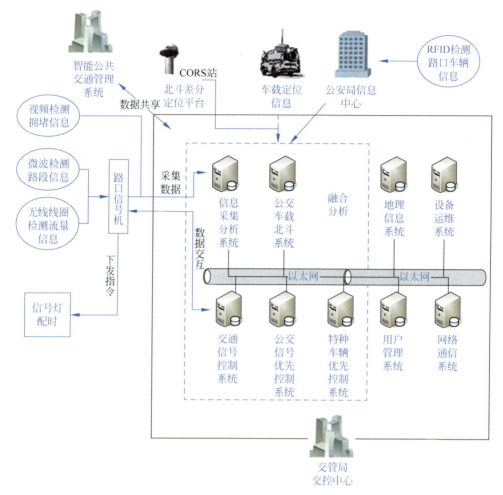

图 7-29　信息交互流程图[48]

7.3.2　技术特点

1. 道路交通状况综合检测技术

将道路分解为路段上、交叉口进口道渠化段前、进口道渠化段内、交叉口停止线内、交叉口出口道 5 个空间维度,如图 7-30 所示,针对每个空间区域的不同特点采用不同的交通检测方式:在路段上使用车载定位终端检测车辆实时位置;在进口道渠化段前使用已覆盖全市的 RFID 设备检测公交车辆到达情况;在进口道渠化段内采用正向雷达检测社会车辆交通量与排队长度;在交叉口停止线内采用视频设备检测交叉口内各流向交通放行情况;在出口道采用无线线圈检测交叉口上游拥堵情况。通过这 5 种交通检测手段,实现对公交车与社会车辆交通运行状态的全方位感知。

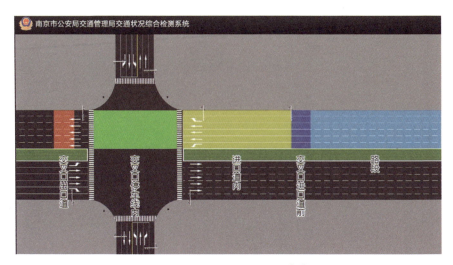

图 7-30　交通状况综合检测[48]

2. 三层公交信号优先控制技术

基于区域—干线—交叉口的三层交通控制模型,对公交车实现公交信号优先控制,如图 7-31 所示。区域控制模型在保证主干道畅通的前提下,合理调节公交车辆分布,最终达到宏观交通控制效果;在干线层面,根据道路等级、公交线路数

图 7-31　三层公交信号优先控制[48]

量、早晚高峰公共交通潮汐特性设计公交绿波带,保障公交车辆绿波畅行;在交叉口层面,遵循线路、道路等级确定各方向信号优先级别。通过延长绿灯、缩短红灯的方法进行实时的信号调整,实现公交车优先通行。

3. 有轨电车自适应控制技术

系统检测到有轨电车接近交叉口时,将根据有轨电车的速度、站台停靠时间等信息,预测有轨电车通过交叉口的时间,通过延长绿灯、提前结束红灯、插入公交相位等方法进行自适应优先控制,保障有轨电车顺畅通行。

4. 多警卫线路监视预警技术

针对特勤车辆提供交通信号优先保障,制订专门的信号优先方案,实时监控车辆位置,自动根据任务线路调整警卫车队前方交叉口信号配时,保障车队一路绿灯畅行。

5. 多模式公共交通换乘算法模型

面向由地铁、有轨电车、大站快车、常规公交等多模式组成的公共交通体系,统计分析不同模式换乘站点的平均换乘时间、换乘流量、流向分布,为具备换乘功能的常规公交线路提出发车方案优化建议,从而保障常规公交准时达到换乘点,减少换乘等待延误,提升多模式公共交通系统的服务水平。

7.3.3 应用情况及成效

项目于2016年9月完成全部建设内容,共分两个建设阶段:一期在河西地区及青奥线路269个交叉口实现公交信号优先控制,二期在全市698个交叉口建立统筹联动的智能交通信号控制体系。具体实现三个目标:实现主城区信号机升级联网、全市信号控制的系统化监测和远程控制;实现多级公交信号优先控制,提升公交通行效率与服务水平;为体育赛事、大型活动提供信息化管理平台,为特种车辆、警卫任务提供交通信号优先保障。

通过对升州路(老城区实施路段)和集庆门大街(新城区实施路段)沿线社会车辆和常规公交在公交优先项目实施前后的交通运行特性进行调查研究发现,公交车辆平均运营车速显著提升,高峰期的平均车速提升了22.13%,平峰期的平均车速提升了20.97%;主线和次线的普通公交车停车次数降低幅度约为35.74%,高于其他线路公交停车次数10%左右的降幅。

在南京举办的青奥会、国家公祭日、南京国际马拉松、世界速度轮滑锦标赛等大型活动中,系统全程参与了交通保障任务。青奥会期间,由青奥班车线路承担运动员、裁判员的出行。系统针对5条青奥专线上的100辆青奥会运动员班车提供交通信号优先保障任务,对线路途经的汉中路、江东路等11条道路的73个交叉口制订专门的信号优先方案,实时监控车辆位置,自动调整车辆行进方向信号配时,保障运动员准时到达比赛场馆。针对青奥期间大量的警卫任务,通过精确定位警卫车辆,系统自动根据任务线路调整警卫车队前方交叉口信号灯,保障车队一路绿灯畅行。

7.4 长沙市基于智能网联的公交信号优先案例

7.4.1 项目背景

截至 2020 年年末,长沙市机动车保有量突破 297.4 万辆,平均每年增长约 12%,而运营公交车辆仅有 7444 辆。一方面,日益增长的机动车出行需求和道路供给之间的矛盾较为突出。2020 年,长沙市主干路高峰期平均速度仅为 21.0km/h,次干路平均速度仅为 17.0km/h,城市道路交通拥堵愈发严重。另一方面,交通出行结构不合理,常规公交出行分担率尚不足 43%,公交车运行中存在运行效率低、晚点率高等问题,难以满足市民出行需求。通过公交信号优先,有效提升常规公交的准点率、行车速度,减少线路时间,强化公交精准接驳,切实提高公交分担率,改善交通出行结构,成为缓解城市交通拥堵的有效手段。

2021 年年初长沙成为全国智能网联汽车领域唯一获得"国家智能网联汽车(长沙)测试区""国家级车联网先导区""国家智能网联汽车质量监督检验中心(湖南)"三块国家级牌照的城市。长沙以"产业生态为本、数字交通先行、运营场景主导"为原则,聚焦"车—路—云"一体化协同建设,注重车路协同、以路促车,印发了智能汽车产业"头羊计划",通过对全市公交车加装智能车载辅助驾驶设备,完成智能化、网联化改造,其中一项重要内容就是实现公交信号优先和降低司机驾驶劳动强度,数字交通服务大众出行,推动公交都市建设。

7.4.2 技术方案

1. 方案简介

基于智能网联的公交信号优先是指当网联公交车靠近交叉口时,可利用车载单元(on board unit,OBU)与路侧单元(roadside unit,RSU)进行 C-V2X 无线通信,将公交车状态信息(如 ID、线路、位置、速度、航向、乘客数等)传递出去,然后经由 RSU 处理后生成不同优先级的优先请求,进而通过有线传输的方式向信号机申请优先。信号机结合当前交叉口信号配时状态、优先参数配置等综合生成优先策略,实现公交车优先通行,减少在交叉口的等待时间。

2. 方案架构

基于智能网联的公交优先系统的物理组成主要包括：车载通信单元、路侧通信单元、智能交通信号机以及车载客流检测设备等。具体的物理架构如图 7-32 所示。

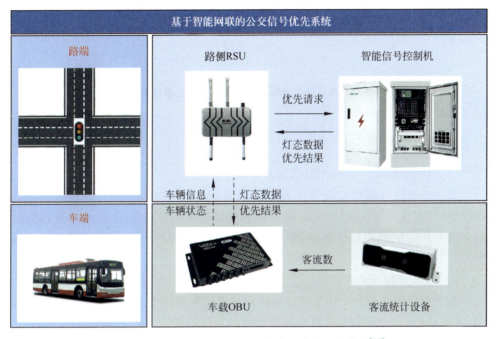

图 7-32　基于智能网联的公交优先系统物理架构图[49]

各设备终端的数据交互如下：

(1) 车载 OBU 和路侧 RSU：采用 C-V2X 无线通信，OBU 向 RSU 发送车辆身份信息、位置信息、运动状态信息、路径路线信息和载客信息等；RSU 向 OBU 发送交叉口信号灯状态信息和优先执行的处理信息。

(2) 路侧 RSU 和信号控制机：为保证网络安全，采用 RS-422/485 有线通信，RSU 向信号机发送公交优先请求和信号灯状态请求；信号机向 RSU 返回优先请求的控制结果和当前灯态信息。

(3) 车载 OBU 与客流设备：客流统计设备向 OBU 发送实时载客数和上下车人数。

基于智能网联的公交优先系统主要包含数据检测、信息传输、信号控制和结果显示几个部分，其逻辑结构如图 7-33 所示。

由图 7-33 可见，基于智能网联的公交优先系统由下往上可分为 5 个不同层次，它们共同作用实现了公交信号优先执行和信息共享。

逻辑层次		实现功能
5	显示层	路口信号灯灯态变化、车载显示屏和尾屏信号灯显示、车内优先执行结果语音提示
4	控制层	信号机优先控制方案下发与执行
3	计算层	RSU优先请求和优先等级研判、信号机优先方案研判
2	传输层	OBU—RSU—信号控制机：车路信息交互
1	检测层	RTK高精定位—多传感器融合—视觉感知：车辆状态获取

图 7-33　基于智能网联的公交优先系统逻辑结构图[49]

3. 关键技术

1）OBU—RSU—信号控制机直连通信

基于智能网联的公交信号优先系统利用 C-V2X 技术，采用专有通信频段和标准协议，完成了公交车载 OBU 和路侧智能信号机的直连通信，实现了毫秒级的数据交互和远距离的信息传输，极大提高了算法研判的实时性和方案控制的精准性。

2）RTK 高精定位

基于智能网联的公交信号优先系统的精准优先控制需获取公交车辆的精准位置，采用 RTK 差分定位技术可实现厘米级的定位精度。

将路侧 RSU 作为基准站，车载 OBU 作为流动站。基准站和流动站接收同一时间的 GNSS 信号后，基准站根据自身精确位置解算得到差分修正信息，然后利用 C-V2X 无线通信技术传输至 OBU，从而对车辆位置进行修正，提高定位精度。

3）智能感知技术

网联公交车通过在公交车前后门加装客流检测设备，利用先进的视觉感知技术和深度学习算法引擎可实现对车内乘客数量和上下车人数的精准检测。同时在公交车内加装监控摄像头和车周加装环视摄像头，可实现对车辆内外状态的全息感知，可为算法研判提供更加充足的数据来源。

4. 方案优势

基于智能网联的公交信号优先技术与其他公交优先技术相比，具有以下优势：

（1）布设简单，无须大规模的土建施工。只需在公交车后装智能车载 OBU、客流仪等设备，在路侧安装智能路侧 RSU 设备并与信号控制机接入即可实现信息交互；同时无须设置公交专用车道，对原有交叉口交通道路渠化没有影响。

(2)信息传输距离远、时延低、可靠性强。C-V2X 技术利用专有通信频段,可实现车与车、车与路之间的直连通信,从而保证毫秒级的数据延迟,并且通信范围最大可达 800m 以上,充分保障了数据的实时性和可靠性,为算法研判提供了充足的时间窗口。

(3)数据精准,信息源丰富。C-V2X 技术利用精准差分定位可达到厘米级的定位精度,同时利用专有标准通信协议实现诸如载客率、晚点率等关键信息传输,有助于公交车辆优先级判定和多车冲突优先请求等场景下的算法实现。

(4)数据交互,应用覆盖面广。C-V2X 技术可实现车—路(即 OBU—RSU—信号机)的双向通信,公交车载 OBU 可通过路侧 RSU 设备接收到信号机发出的信号灯态数据,实现车内屏和尾屏的信号灯状态显示,对公交车驾驶员和后方社会车辆进行提示,降低安全风险。同时,C-V2X 通信范围较广,位于区域内的路侧 RSU 和其他车载 OBU 均可进行数据互通和信息共享,从而实现诸多安全类和效率类功能应用,辅助驾驶员智慧出行。

7.4.3 应用效果

基于智能网联的公交优先技术现已实际应用到长沙市三条公交路线(315 路、3 路、9 路),在兼顾社会车辆通行效益的基础上,公交运行效率明显提升。以 315 路智慧公交为例,具体应用效果如图 7-34 所示。

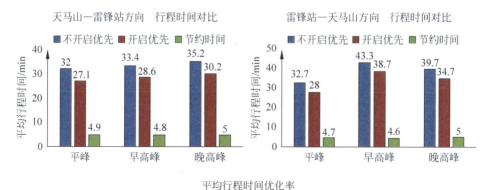

图 7-34　315 路智慧公交优先效率提升对比图——行程时间[49]

开启公交优先时,315路双向行程时间均有明显优化,其中平峰时段,上行平均可优化15.3%,下行平均可优化14.4%;早高峰时段,上行平均可优化14.4%,下行平均可优化10.6%;晚高峰时段,上行平均可优化14.2%,下行平均可优化12.6%,如图7-35所示。

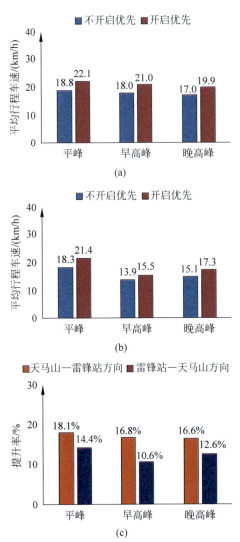

图7-35 315路智慧公交优先效率提升对比图——行程车速[49]
(a)天马山—雷锋站方向行程车速对比;(b)雷锋站—天马山方向行程车速对比;(c)平均行程车速提升率

开启公交优先后,315路公交各时段正反双向的行程车速均有较明显提升,其中,平峰时段上行平均行程车速可提升18.1%,下行可提升14.4%;早高峰时段,上行可提升16.8%,下行可提升10.6%;晚高峰时段,上行可提升16.6%,下行可提升12.6%。应用案例效果对比如表7-3所示。

表 7-3 应用案例效果对比

序号	所属城市	典型线路(道路)	线路长度/km	线路信号路口数	启用日期	说明
1	湖南长沙	315 路	10	18	2020 年	平峰、高峰时段均在运行,无公交专用道,315 路启用公交优先功能后,应用效果显著,线路上下行平均行程时间均可优化 13.6%,行程车速平均优化 14.8%,开通后沿线交叉口百车平均停车次数从 0.39 下降至 0.37,相差 0.02,下降幅度约 5.1%。相交道路上下游路口,百车平均停车次数从 0.53 上升至 0.55,相差 0.02,上升幅度约 3.8%。该分析结果表明,公交信号优先实施后,枫林路沿线路口通行效率上升,相交道路上下游路口通行效率受到微弱影响,在可控范围
2	江西南昌	北京东路	4	6	2016 年	早高峰(7:30—9:00)、晚高峰(17:00—19:00)期间不实行公交信号优先控制,其他平峰、低峰时段实行
3	上海	71 路	17.5	25	2018 年	公交车晚点以及道路交通饱和度不高的时候才进行公交优先
4	江苏南京	升州路	2	5	2014 年	实行干道绿波协调控制,不同交通状态下交叉口公交车优先通行的策略,公交车高峰期平均车速提升 22.13%,但未综合考虑对相交道路的影响

第 8 章

展 望

CHAPTER 8

8.1 车路协同公交信号优先

近年来,以公交专用道、公交信号优先技术为主的公交优先组织管控作为一种改善公交运行效果的有效方式,得到了广泛的研究和实践应用。公交信号优先是在实施信号控制的交叉口或路段,通过调整信号配时给予公交车更多的通行机会,从而降低公交运行延误,提高公交运行可靠性。

然而,传统的公交信号优先措施仍然存在一些不足,其中一个很大的局限性是其在城市次要道路的优先效果并不理想。特别是当交通需求接近通行能力时,公交信号优先并不一定能够对公交运行性能带来显著的提升。实施公交信号优先的另一个挑战是公交车到达时间预测的巨大不确定性,这往往会导致无效的公交信号优先,或者是过多的绿灯时间被浪费。

8.1.1 特点

结合车路协同系统的公交信号优先是改善公交优先性能的有效途径之一,近年来得到了相应的研究和实践。在车路协同环境下,公交信号优先能够得到以下几个方面的改善:

（1）车联网环境可以提供更好的实时公交位置和乘客数量的信息,从而支持更精细的公交信号优先;

（2）公交信号优先的实现可以更加灵活,而不是简单地延长某个相位的绿灯时间或缩短红灯时间,信号优先可以更精确地给予最需要的相位以一定的绿灯时间,最大程度上减少绿灯时间的浪费;

（3）公交信号优先逻辑能够较好地解决公交出行者和社会车辆出行者之间的冲突,并找到一个最优的平衡;

（4）在传统的公交信号优先中,信号控制器被动地适应公交车发出的优先请求,而在车路协同环境下,公交优先的控制方式转变为交通信号和公交车辆的协同,例如要求公交车辆以合理的速度行驶;

（5）公交信号优先的优化目标和评价标准更加精细化,例如控制目标从原本的车均延误最小化转变为考虑人均延误最小化。

8.1.2 发展前景

结合车路协同系统的公交信号优先主要应用于以下三个方面:公交到达时间预测、信号优先-公交车辆协同控制、公交优先在线性能评价。

1. 公交到达时间预测

公交到达时间预测是指当公交车进入公交信号优先交叉口的服务范围后,通过车路协同系统和预测算法,得到公交车预计到达目标交叉口(即通过交叉口上游停止线位置)的时刻。公交到达时间预测信息可应用于主动优先和自适应优先中。准确的公交到达时间是提供有效公交优先的必要条件,不准确的到达时间预测可能导致无效的公交信号优先,造成大量的公交延误和绿灯时间浪费。

在车路协同环境下,公交到达时间的预测能够实现更高的刷新率和精度。基于实时公交运行信息和通信系统,公交到达时间的预测结果应实现实时更新,刷新率达到1s以内。

公交到达时间的预测主要包括几个部分[39],表示如下:

$$T_{arrival} = T_c + T_{acc} + T_{dec} + T_{stop} \tag{8-1}$$

式中,$T_{arrival}$——预测的公交车到达交叉口的时间;

T_c、T_{acc}、T_{dec}——公交车在到达交叉口前以匀速、加速或减速行驶的预测时间;

T_{stop}——公交车在进入交叉口前预计停站所需的时间。

公交车到达时间预测每一部分的输出结果应给出预测值和置信区间。表8-1给出了车路协同条件下实现公交到达时间预测所需的基础信息。

表 8-1 公交到达时间预测的基础信息

符号	含义	说明	基础信息
T_c	匀速行驶时间	假设公交车从当前位置开始以目标行驶速度（路段平均速度或设计公交速度）行驶，到达交叉口停止线所需时间	(1) 公交车实时位置； (2) 公交车目标行驶速度； (3) 公交车从当前位置到交叉口的运行线路及其长度
T_{acc}	加速行驶时间	公交车在进入交叉口之前加速达到目标行驶速度所造成的额外旅行时间	(1) 公交车实时位置、速度、加速度； (2) 公交车目标行驶速度； (3) 公交车设计加速度
T_{dec}	减速行驶时间	公交车在进入交叉口之前由于各种原因减速所造成的额外旅行时间，导致减速的原因可能有换道、经过人行横道、进入排队时的减速等	(1) 公交车实时位置、速度、加速度； (2) 公交车设计（制动）加速度； (3) 公交车在进入交叉口前的预测减速次数，每次减速的目标速度； (4) 公交车前方的车辆运行状态
T_{stop}	停站时间	公交车在进入交叉口前预计停靠公交车站所需的时间，若公交车站位于上游，则此项不予考虑	(1) 公交车实时位置； (2) 公交车设计加速度； (3) 公交车是否即将经停车站； (4) 公交车车站的估计等待乘客数

2. 信号优先-公交车辆协同控制

考虑交叉口信号控制与公交车辆相协调是提高公交优先性能的有效方式。在车路协同环境下，到达交叉口服务范围内的公交车向交叉口发送公交优先请求，优先请求的内容包括公交车位置、速度、载客率和准时情况等信息，信号控制器不仅试图适应公交车的预测到达时间，还能够要求公交车以推荐速度行驶，以增加公交车接收信号优先的可能性。控制算法提供的推荐速度应当处于合理的区间内，这需要考虑到公交车本身的加速和制动能力，是否位于公交专用道上，以及公交车前方是否有车辆排队或阻挡等情形。

信号优先-公交车辆协同控制应考虑道路条件和原有的信号配时条件，基于公交车的实时位置、载客率，交叉口各进口的到达率，剩余排队长度和未来排队长度的预期，通过最小化人均延误计算最优控制策略[40]。在实施干线协调控制或单点公交信号优先控制的交叉口，可以基于表 8-2 建立优化模型。

表 8-2　信号优先-公交车辆协同控制的优化模型

优化目标	最小化所有车辆的人均延误
输入状态	(1) 公交车的实时位置、速度、载客率等信息； (2) 公交相位的排队长度和实时到达率，以及其他车辆的位置； (3) 其他相位的实时到达率
决策变量	(1) 交叉口各相位的绿灯启亮时刻 T_k； (2) 交叉口各相位的绿信比 Λ_k； (3) 公交车推荐速度 v_{rb}
约束条件	(1) 周期长约束，所有相位绿信比之和不大于周期有效绿灯时间之比； (2) 所有相位(包括其他相位和插入的公交相位)有效绿灯时间满足最小绿灯时间约束； (3) 公交车推荐行驶速度应处于合理范围

3. 公交优先在线性能评价

在车路协同系统与车联网信息的支持下，公交信号优先控制能够利用实时交通数据，以一定的时间间隔(如 5min)获取交叉口的控制性能指标。具体的评价内容可以包括人均延误、公交停车次数、最大排队长度等。公交优先在线性能评价的结果可用于以下几种用途：

(1) 基于评价的公交信号优先策略选择。如根据实时交通需求更新控制优化模型的参数，调整给予公交车优先的条件。

(2) 控制方案更新和优化。如果公交优先改变了原有协调控制的绿波，导致干线上其他车辆的停车次数增加，可以通过过渡相位进行调整，或者根据实时更新的交通需求调整控制配时。

(3) 公交信号优先的周期弹性补偿。如当一个相位被提供了较多的公交优先时，可在没有公交到达的周期给予其他周期额外的绿灯时间，以避免排队过长引起的延误。

8.2　自动驾驶公交优先

8.2.1　特点

自动驾驶技术在公共汽车交通与公交优先组织管控中的应用仍有较大的发展空间。与常规公交相比，结合自动驾驶技术的公交服务具有以下几个特点：

1. 可靠性与安全性

公交车驾驶员的行为也是制约公交优先组织管控效果的重要因素。对于具有激进驾驶行为的驾驶员,公交车在行驶中可能频繁地换道超车,另外在停站时一些公交车可能不在规定的区域内停靠、提前关闭车门或者跳过某些车站。这些都导致公交车运行轨迹和到达时间的可靠性下降,导致公交服务水平和公交优先性能下降。采用自动驾驶技术的公交车能够提高公交运行的可靠性,降低劳动成本。此外,近年来由于司机超速、醉驾、疲劳驾驶等导致的公交车事故频繁发生,对公交出行和城市交通造成了严重的危害。自动驾驶公交车能够通过车载传感系统感知道路环境,规避人为操作可能导致的交通事故。

2. 车队控制

相比人类驾驶员驾驶的车辆,自动驾驶车辆在队列协作上表现出巨大的优势。典型的自动驾驶技术包括车辆编队控制(formation control)和车辆成排(vehicle platooning)等。前者是自动驾驶车辆按既定的路线或轨迹行驶的控制技术,后者是指自动驾驶车辆通过控制较小的车头时距保持交通流安全、连续地高速通行的功能。

未来,基于自动驾驶车队控制的公交优先组织管控也会有所不同。传统的公交优先是基于公交优先请求的、针对独立车辆或信号相位的自适应控制,而自动驾驶环境下的公交优先组织管控能够从车队层面给予优先通行权,从而带来更加灵活的优先控制逻辑和控制方法。当道路交通流的大部分为自动驾驶车辆时,通过队列控制可以事先将不同目的地、不同组成的交通流(如公交车辆和社会车辆)予以区分,从而使设置公交专用道的必要性下降,提高城市道路的通行效率。

3. 车路一体化与基础设施协同

基础设施与一切事物互联(infrastructure to everything,I2X)、车辆与一切事物互联(vehicle to everything,V2X)是实现自动驾驶的重要技术手段。基于车路一体化的自动驾驶交通系统将成为未来自动驾驶的发展方向之一。在车路协同与自动驾驶的背景下,由政府主导的交通系统管理中心能够更有效地整合车辆、信息、基础设施等自动驾驶资源,从道路系统的全局出发为出行者提供更有效的自动驾驶出行服务。公交优先组织管控的实施方式也能够更加有针对性,例如通过集成信息系统预测未来的公交车辆或公交出行需求,进而实时调整路段或交叉口的公交优先策略。另一方面,车路协同自动驾驶环境下公交优先组织管控的理念有可能发生改变,从原有的为公交车提供优先转变为为公交出行者提供优先。例如从实时定制公交、路径规划和道路精细化管理层面更有效地分配道路交通资源,实现公交出行相对私人交通方式出行的优先。

8.2.2 发展前景

目前自动驾驶公交已经在部分城市地区开始投入试用,而结合自动驾驶技术的公交优先组织管控仍处于概念阶段。自动驾驶公交优先组织管控未来将向以下几个方向发展。

1. 发展车路协同自动驾驶系统

车辆自动化、网络互联化、系统集成化是未来车路协同自动驾驶的三个发展方向[42]。除了进一步发展单车智能技术,车路协同自动驾驶系统的顶层设计也是未来的重要方向。首先应当实现车路协同自动驾驶的控制协同阶段。在这一阶段中,车路协同自动驾驶系统能够采集全时空动态交通信息,实现车辆间、车路间的实时信息交互,实现状态预测和行为决策,进而完成自动驾驶的全步骤,并能够在城市快速路、城市公交专用道路、公交车站泊车等特定场景进行应用。在此基础上,可以基于自动驾驶环境下的公交车提供针对性的公交优先组织管控策略。

2. 自动驾驶公交的商业应用

目前在5G通信技术、人工智能、车路协同技术的支持下,我国自动驾驶公交已经开启了商用线路。例如宇通客车[41]于2020年10月发布了L4级别的自动驾驶巴士小宇2.0,该产品是业内首款支持无安全员运营的自动驾驶巴士,实现了360°覆盖的全天时全天候感知,可实现不同路况环境下的安全自动驾驶。然而,自动驾驶公交的大规模商用仍需要更多推广和统筹布局。一方面,需要根据全国各区域道路交通条件、气候条件、基础设施条件制定特殊测试方案,因地制宜进行测试;另一方面,需要制定自动驾驶公交的相关政策和行业标准,将安全性放在首位,同时加强自动驾驶公交的行业准入标准和考核制度。

3. 关注城市出行一体化服务

城市公共交通的发展在出行即服务(mobility as a service,MaaS)的发展中占据了非常重要的主体地位[43]。MaaS的目标是实现城市出行一体化服务,实现可持续交通系统,这与发展城市公共交通的目标是相同的。私人交通的载客量一般较少,且大多数时间处于闲置状态,其空间效率和时间效率都很低。在以自动驾驶车辆为主的交通环境中,能够通过车辆共享和行程共享提高城市出行效率,自动驾驶+公共交通则可能成为未来城市出行的重要方式。在此基础上,城市公交优先组织管控的内涵将超出现有的公交优先政策与措施,与城市出行一体化和MaaS相结合,实现从公交车优先向公共交通出行优先的转变。

参 考 文 献

[1] TRB. TCRP Report 88：A Guidebook for Developing a Transit Performance-Measurement System[R]. United States：Transportation Research Board，2003.

[2] 李瑞敏，章立辉.城市交通信号控制[M].北京：清华大学出版社，2015.

[3] TRB. TCRP Report 165：Transit Capacity and Quality of Service Manual[R]. 3rd ed. United States：Transportation Research Board，2013.

[4] National Transportation Communications for ITS Protocol Object Definitions for Signal Control and Prioritization（SCP）：NTCIP 1211 version v02.[S]. United States：AASHTO，ITE，NEMA，2014.

[5] 中华人民共和国住房和城乡建设部.城市道路交叉口规划规范：GB 50647—2011[S].北京：中国计划出版社，2011.

[6] 中华人民共和国国家质量监督检验检疫总局，中国国家标准化管理委员会.城市交通运行状况评价规范：GB/T 33171—2016[S].北京：中国标准出版社，2016.

[7] 北京市质量技术监督局.实时公交信息服务系统数据交换及信息质量要求：DB11/T1272-2015[S/OL].（2016-07-01）[2021-01-05]. http：//www. jianbiaoku. com/webarbs/book/111267/3293560. shtml.

[8] 胡淑芬.间歇性公交专用道的发展历程及研究综述[A]//中国城市规划学会、杭州市人民政府.共享与品质——2018中国城市规划年会论文集(06城市交通规划)[C].中国城市规划学会、杭州市人民政府：中国城市规划学会，2018：9.

[9] VIEGAS J，LU B，VIEIRA J，et al. Demonstration of the intermittent bus lane in Lisbon [J]. IFAC Proceedings Volumes，2006，39(12)：239-244.

[10] CURRIE G，LAI H. Intermittent and Dynamic Transit Lanes：Melbourne，Australia，Experience[J]. Transportation Research Record，2008，2072(1)：49-56.

[11] 丁建友.城市主干道公交专用道设置条件研究[D].南京：东南大学，2009.

[12] 陈明.中心城区公交专用道布局优化模型研究[D].长春：吉林大学，2017.

[13] 张冬奇.重庆市主城区公交专用道规划研究[D].重庆：重庆交通大学，2017.

[14] 徐扬.间歇式公交专用道设置研究[D].长春：吉林大学，2020.

[15] VIEGAS J. Turn of the century，survival of the compact city，revival of public transport [J]. Transforming the port and transportation business，1997：51-63.

[16] VIEGAS J，LU B. The Intermittent Bus Lane signals setting within an area[J]. Transportation Research Part C Emerging Technologies，2004，12(6)：453-469.

[17] VIEGAS J，LU B. Widening the scope for bus priority with intermittent bus lanes[J]. Transportation Planning and Technology，2001，24(2)：87-110.

[18] BHATTACHARYYA K，MAITRA B，BOLTZE M. Guidance for Design and Implementation of Queue Jump Lane with Presignal for a Heterogeneous Traffic Environment[J]. Journal of Transportation Engineering，Part A：Systems，2020，146(10).

[19] FWHA. Traffic Signal Timing Manual[S/OL].（2008-06-20）[2020-03-18]. https：//ops. fhwa. dot. gov/publications/fhwahop08024/index. htm.

[20] 王殿海，金盛，马东方，等.城市交通控制理论与方法[M].北京：电子工业出版社，2017.

[21] 罗浩顺,徐良杰,陈国俊,等.结合车速引导的相邻交叉口公交信号优先协调控制方法[J].武汉理工大学学报(交通科学与工程版),2020,44(4):749-752.

[22] 蒋贤才.道路交通控制理论与方法[M].北京:中国建筑工业出版社,2016.

[23] 张雅然,马凯,白玲.多目标优化的公交被动优先信号配时模型[J].青海交通科技,2020,32(1):8-16.

[24] 蔡国良.面向公交优先的单点控制策略研究[D].青岛:青岛理工大学,2010.

[25] 马万经,杨晓光.基于车道的单点交叉口公交被动优先控制模型[J].中国公路学报,2010,23(5):96-101.

[26] 隆冰.公交优先主导下的交叉口配时优化研究[D].北京:北京交通大学,2015.

[27] 郝海明,马万经,刘兴永,等.公交专用道网络信号优先方法及适应性研究[C].第十届中国智能交通年会优秀论文集,2015.

[28] 李克平,韦燕宁,唐克双,等.公共交通信号优先控制的分级与特征研究[J].城市交通,2018,16(6):90-96.

[29] 安徽省市场监督管理局.公交优先信号控制规范:DB34/T 3536-2019[S/OL].[2021-01-05].https://max.book118.com/html/2020/1216/6051230011003035.shtm.

[30] 中华人民共和国公安部.道路交通信号控制方式 第6部分:公交车交叉口优先通行控制规:GA/T 527.6-2018[S/OL].(2018-12-30)[2021-01-05].http://www.jianbiaoku.com/webarbs/book/143221/4159891.shtml.

[31] WANG Y et al. Technical Report: Comprehensive Evaluation of Transit Signal Priority System Impacts Using Field Observed Traffic Data[R]. United States: Federal Highway Administration,2007.

[32] TRANSIT SIGNAL PRIORITY IN THE BOSTON REGION: A GUIDEBOOK[S/OL].[2020-03-18].https://www.ctps.org/data/calendar/htmls/2018/MPO_1220_Report_Transit_Signal_Priority_Guide.html.

[33] 中华人民共和国公安部.道路交通拥堵度计算方法:GA/T 115-2020[S/OL].[2021-01-05].https://wenku.baidu.com/view/07b8941748fe04a1b0717fd5360cba1aa9118ca1.html.

[34] 中华人民共和国国家质量监督检验检疫总局,中国国家标准化管理委员会.城市公共交通发展水平评价指标体系:GB/T 35654—2017[S].北京:中国标准出版社,2017.

[35] 浙江省质量技术监督局.城市公共交通服务评价指标:DB33T 2059—2017[S/OL].[2021-01-05].https://www.docin.com/p-2070478288.html.

[36] 中华人民共和国交通运输部.城市公共交通出行分担率调查和统计方法:JT/T 1052—2016[S].北京:人民交通出版社有限公司,2016.

[37] ANDERSON P,MICHAEL W,CHRIS S. TCRP Synthesis 149: Transit Signal Priority_Current State of the Practice[R]. United States: Transportation Research Board,2020.

[38] 尹婷婷.车路协同环境下公交车辆到站时间预测及控制策略研究[D].南京:东南大学,2017.

[39] 刘佳辉.车联网环境下快速公交车辆协同控制模型与方法研究[D].广州:华南理工大学,2017.

[40] HU J,PARK B,LEE Y. Transit signal priority accommodating conflicting requests under Connected Vehicles technology[J]. Transportation Research Part C: Emerging Technologies,2016,69:173-192.

[41] 范艳涛.宇通发布智慧出行整体解决方案 自动驾驶巴士小宇2.0全国首发[J].人民公

交,2020(10):94-95.
- [42] 程阳,郑元,谭华春,等.车路协同自动驾驶发展报告[R].北京:中国公路学会自动驾驶工作委员会,2019.
- [43] 李瑞敏.出行即服务(MaaS)概论[M].北京:人民交通出版社,2020.
- [44] 石章鹏.道路交叉口预信号协调控制方法与通行能力研究[D].合肥:合肥工业大学,2016.
- [45] 张静宜.基于预信号的公交优先控制策略及仿真技术研究[D].郑州:河南工业大学,2018.
- [46] SIEMENS(西门子).成都市有轨电车蓉2号线信号优先控制方案[R].成都:西门子,2017.
- [47] 卞春,韩如文,邹申.上海公安交警公交信号优先系统的应用情况[R].上海:上海交警总队,2019.
- [48] 顾怀中.南京应用公交优先信号控制系统,实施"公交优先"战略[EB/OL].(2018-09-15)[2021-01-30]. https://baijiahao.baidu.com/s?id=1610746888012388943&wfr=spider&for=pc.
- [49] 长沙交警支队.基于智能网联技术的公交信号优先研究与示范应用[R].长沙:长沙交警支队,2021.